王之相 著

文 學 叢 刊

王安石和他的時代

文史哲出版社印行

國家圖書館出版品預行編目資料

王安石和他的時代 / 王之相著 .--初版 --臺北市：
文史哲，民 105.05
頁； 公分（文學叢刊；362）
ISBN 978-986-314-297-3（平裝）

1.（宋）王安石 2.傳記

782.8515   105007101

文 學 叢 刊 362

王安石和他的時代

著　　者：王　　　之　　　相
出　版　者：文　史　哲　出　版　社
　　　　　http://www.lapen.com.tw
　　　　　e-mail：lapen@ms74.hinet.net
登記證字號：行政院新聞局版臺業字五三三七號
發　行　人：彭　　　正　　　雄
發　行　所：文　史　哲　出　版　社
印　刷　者：文　史　哲　出　版　社
　　　　　臺北市羅斯福路一段七十二巷四號
　　　　　郵政劃撥帳號：一六一八〇一七五
　　　　　電話886-2-23511028・傳真886-2-23965656

定價新臺幣三〇〇元

二〇一六年（民一〇五）五月初版

ISBN 978-986-314-297-3   09362

序

　　王安石之所以吸引我的注意，一開始的時候是因為他的名字「安石」，意象實在太美了，有內涵，有畫面，非常宋代，而且風格極簡。

　　人生，極簡，不好嗎？

　　可是，極簡，從來都是極不簡單的。

2　王安石和他的時代

王安石和他的時代

目　　次

不畏浮雲遮望眼
只緣身在最高層

行看萬里雲西去

第一章　大　地

　　西元 1050 年，王安石在鄞縣擔任知縣（縣長）三年任期已滿，即將要離開之前，年幼貼心的女兒卻不幸夭折，無可奈何的父親只能噙淚寫下《別鄞女》之詩：

　　「行年三十已衰翁，滿眼憂傷只自攻。

　　今夜扁舟來訣汝，死生從此各西東。」

　　詩文非常直白地寫出王安石的傷痛與自責，卅歲不到的年紀彷彿瞬間蒼老，但更悲哀的是他甚至也無法長伴愛女的墳墓，所以連行前的最後一晚也捨不得放過，執火划船穿越無邊無際的深暗，前來撫碑相見；依那個時代的交通條件，明朝一旦遠行，父女真的將永別了，個人的心願意圖很難違逆大環境的侷限。

　　事實上令王安石牽掛不捨的還不只是過世的女兒。鄞縣在今日的浙江寧波一帶，來這裡當縣長，是王安石

職業生涯的第一個地方「父母官」，相信凡是真正關心民生疾苦的讀書人，對於這最初、最底層的政治工作必然是熱情而帶勁，我們常說的「莫忘初衷」往往就是以投入第一份工作的使命感為鏡。之前王安石隨著為官的父親同樣依宋朝的制度每三年輪轉於不同地方服務，這些青年階段的遊歷使王安石對大地眾生種種喜怒哀樂自然也已經有了一些接觸，但那其實也只限於「讀書人」從第三者的角度來觀察。然而相對來看，縣長可不是旁觀的第三人，縣長是當事人。三年來，王安石通過積極主動的政策而與鄞縣百姓真實互動，對於大地眾生的觀感不同了，王安石此時的離開，行囊裡則攜帶著頗為複雜的心得；政治心境上還不至於老成到「衰翁」，但是對許多事情的深刻認知，應該已經完全不同於純粹書生了。

　　大地，承載著眾生，既是糧食、賦稅與兵員的基礎，也是生活文明這棵大樹之巨大深廣的根盤。自遠古以來，中國的土地基本上是以「井田」制為準則，把耕地劃分為一定面積的方田，周圍有經界，田間有水溝，遠看阡陌縱橫而很像一個個的井字。農田中央區塊的勞動成果歸屬於政府，四周農田的收穫則歸農民，例如周朝的《詩經》上就載有人民祈雨的文字「雨我公田、遂及

於私」，因而後人常常誤以為中央的那一塊既是公田，其餘就應是私田吧。事實上及至春秋戰國時代中期，只要井田制還在運作，全部的土地通通是國有土地，被認為是私田的也不例外，農民在這些「私」田上只擁有受益權，而非所有權。儘管有人認為井田制只是傳說中的某種模糊的理想，真正的實況則並不清楚，但至少在理論上可以肯定的是，如果全部土地的所有權是握在國家手上，井田制的運作前提自然在於政治力量長期的主導與分配。然而隨著歷史步入春秋戰國時代，國家之間相互爭伐而政權興滅不定，長期穩定的政治秩序崩解之後，井田制自然就漸漸失去了依據。

井田為「制」，「制」這個字即說明了它乃是人為的特定權力結構下的秩序產物。陶淵明的《桃花源記》想像一方別有洞天的空間裡「土地平曠，屋舍儼然；有良田、美池、桑、竹之屬，阡陌交通」，一幅美好的田園牧歌風景，空氣中瀰漫著自由的氣息，讓人很容易忘記一件事實，那就是只要是屬於人間社會，權力真空的烏托邦基本上就不大可能存在。井田制的退出，意味著土地「自由買賣」時代來臨，因而農村土地的掌握，遂由政權落入了金權。

　　後來的漢朝雖然在政權上一統天下，然而金權主導廣大農村的現實秩序已然成形，初期意圖休養生息的漢朝政府無意、也無能為力去改變現況，致使農村的財產結構進一步自然發展，迅速走向越來越巨大的貧富差異。依漢朝大臣自己的描述：「富者田連阡陌，貧者無立錐之地」，有錢人收買兼併越來越多田地，而田地有限的中、貧農於歉收之際不得不賣地謀生，而終至無田可耕，社會危機已開始累積它的潰堤能量。

　　在西漢的最末階段，這樣的長期發展趨勢竟然被一個人急踩剎車，這個人就是西元 8 年至 23 年曇花一現的新朝皇帝王莽。

　　王莽在中國歷史上的地位看似非常簡單，「王莽篡漢」四個字就解決了。不過，這樣的說法只是單從漢室正統血脈的觀點來看待王莽，不只太過依從傳統史觀而別無所見，而且也忽視了自許「不能無為」且立志要「均眾庶、抑併兼」的王莽，其眾多被批評為書生政治的政策，包括把天下土地再度收為王田而企圖恢復井田舊制，由國家強制進行土地重分配等無風不起浪的社會背景。當然，由於遠古時代已經相去甚遠了，王莽的土地政策實際上也不可能完全回復到周朝，但是他藉著政治

力量再度將全國土地視為國有，男丁八口以下的家庭佔田面積不可以超過九百畝，超過的土地則強制分配給宗族裡的其他家庭，使各家庭的土地資產趨於平等，而完全沒有土地的人們則由政府出面授田，一夫可授田百畝。

「王田」的急切做法，最後也沒有能夠擋住土地制度這輛百年下坡車的沉沉重量，引發全面反彈之後王莽身首異處。可是，意外強大的反彈力量來自何處？王莽的作為，代表政治的力量應該積極用於、也確實可以用於推動社會改革，而且這樣的心胸本來就是先秦諸子治國平天下的道德抱負之一，也是王莽時代部分知識份子之理想主義的一面，並非王莽個人毫無脈絡的莽撞奇想。不過，這樣的「先秦傳統」在漢朝看似獨尊儒術的大環境中，也只能算是不絕如縷的小支流，因為此時的主流，以及後來東漢受到佛教及玄學影響的儒家朝臣，形成的是一股強調關起門來、在心理上自行適應社會（無為）而非開門出去以行動挑戰社會（有為）的思想大勢。

不過，單純以思想的角度來衡量政治行動也可能有失偏頗，因為思想的作用原本也受制於大環境。此時的漢朝已是一統天下的大帝國，要維持這部龐大的帝國機器能夠日日運轉，就已經是個艱鉅的工作了。維持現狀

之餘，政府具備出門有為的額外能力嗎？如果沒有，則關門無為力保目前常態，反而才是上策。可是，一個浩大的帝國何以缺乏出門有為的餘力呢？這絕不只是單單漢朝所面對的嚴肅課題。

讀書做官的人有必要熟讀經書，中國經書（例如《春秋》等）的內容多半也是政治歷史的評議，而將前人的政治史當作後人的參考書，這絕對是中國傳統政治智慧的合理來源之一。回溯歷史，王莽的土地政策激起全面反彈，但起兵者可以區分為兩類，一是「飢寒群盜、犬羊相聚」、因飢荒而憤起的農民，他們對於王田政策並無敵意，而王莽的土地政策也來不及改善他們的苦境，王莽並不擔心這些逼急造反的烏合之眾。另一群起兵反抗的集團，性質就大不相同了，他們是由士族大姓所組織動員起來的反抗隊伍。串通朝野的士族大姓宰制天下的土地分配，而今既得利益竟被王莽的政策給剝奪，所以他們反抗的動機不是為了免於飢寒，而是根本就要推翻王莽政權，奪回既有的富貴，而這才是致命的組織性力量。王莽執意恢復堯舜王田之際，親近的大臣曾經這麼上諫：「今欲違民心，復千載絕跡，雖堯舜復起，而無百年之漸，弗能行也」。這裡所謂「違民心」，是指

土地利益被剝奪後心生不滿的士族大姓，因為掌握政治經濟力量的士族大姓就是「民」，要動到他們必須從長計議；反過來說，毫無組織且不具實質影響力的群眾不算「民」，政治權力的現實本質彷彿就是如此。因此，王莽的政治歷史及其教訓擺在眼前，後人就算有心出門有為，做法上也得更加謹慎才行，後來「均田制」的登場過程就已懂得先左顧右盼了。

漢朝之後的三國時代也是亂世一場，再於晉朝之後，又落入南北朝的分裂局面，及至隋朝、唐朝，政局方能穩定下來，土地管理才有再上軌道的機會。北朝承接了五胡十六國時期長年戰爭頻繁的後果，人民大量喪生，因而也產生了大量的荒地，地多人少的契機，讓政府有了掌握這些荒地對農民進行授田而增加生產的機會。其中，北魏順勢重新握有較多的土地而首先發布了均田令，政府將田地授予人民耕種，同時農民也因此承擔納稅的義務。但非常特別的現象是，不只是「人丁」（指具備勞動能力的成年人），北朝連奴婢和牛隻也都有受田的資格。這是很有意思的一招，因為當時能靠牛隻和奴婢名義獲得更多田地的，多半是貴族階級或地方紳豪，所以政府的均田政策首先照顧了這些人的既有利

益，目的在於降減低他們對於新政的抗拒。唐朝繼承了
均田制，而且租（糧食）、庸（實物）、調（勞役）也
是架在均田制之上來實施，而糧食、實物、勞役及稅的
徵收則是國家必須獲取之最起碼的運作資源。

　　實行均田制的先決條件是政府需有大量土地掌握在
手上，唐朝初年以後人口穩定增加，能夠分配的田畝也
越來越少，均田制的政策優勢也漸漸不再。唐朝中期之
後，絕大部分的農田實際上已屬私田，政府可「均田」
的百分比已經越來越小，再加上中晚唐的政治局勢再度
陷入動盪，均田制也終於難以為繼。

　　事實上均田制的施行態樣頗為複雜，各國各代的分
配標準也不一樣，同時它並也不像其名稱所暗示的那樣
是一種「土地平等化」（均）的制度，而毋寧說它是公
有和私有之間的一種折衷。一開始的時候，均田制鼓勵
民眾受田墾荒，也等於是為民置產，農民得田生產而生
活有餘，這乃是隋唐民間社會經濟發展的有利基礎。此
外，均田制也只能限制豪強進一步兼併土地而已，它並
沒有真正打壓這些人；換言之，均田制真正的益處不在
「劫富濟貧」，而在促使社會上的貧農至少可以保有最
低的生活水準，這已經是很不容易的成就了。

　經濟是國家的命脈，軍事當然也是，但唐朝中晚期之後，均田制伴隨著「府兵制」一起退出歷史舞台。

　在實施府兵制之前，中國歷代各王朝原則上多屬「世兵制」，兵歸兵，民歸民，兵、民是兩套戶籍，而且兵乃是一種世代相襲的固定職業，理論上軍隊的專業化程度也較高。世兵制的先天弱點是無法長期預估軍隊的需求量，隨著戰爭的臨時爆發與結束，兵戶的需求量自然跟著忽增忽減，但平時國家豈能依戰爭需求的高額度來維持兵戶呢，所以這種兵制本來就很容易捉襟見肘。從南北朝到隋唐年間，軍事制度開始有了不同於以往的作法，府兵制搭配著均田制而逐漸上了軌道。唐初政府把得田耕作的農民區分為貧富九等，依「先富後貧」原則來做徵兵動員，六等以上較富有農家，每三個男丁就挑一個擔負兵役至其年老，貧窮的農家則動員較少，這樣的規劃也不失合理。府兵的原意即為將軍府之兵，擔任府兵者，本身可免除其他勞動課役及全部的稅捐，但是軍資、糧食、衣裝、輕武器和馬匹等均須自備，而這原也是大部分府兵的經濟背景所負擔得起的。府兵制的精神是兵農合一，全國各軍府皆有固定的「屯駐」地，府兵平時就是農夫（屯），農閒時由官員督導練武（駐）。

由於府兵平時的生活無異於農民，國家毋須負擔軍餉後勤，因而也節省了大量的養兵費用。遇有戰事，府兵由中央任命之將領率隊出征；戰爭結束後則兵回府、將回朝，如此一來任何將帥也不能擁兵自重，有利於防範地方割據勢力的滋生。在現代國家能夠掌握到全面統治的各種能力之前，任何傳統國家對於地方或局部勢力的潛在威脅都是極為敏感的，後來的宋朝也只是這種敏感體質的繼承而已，並非例外。

府兵制兵農合一的實際情形是否真的那麼理想，這向來是有爭議的。事實上唐朝的中晚期也是軍閥對峙的局面，不只中央和地方政府手中對於戶籍、人口、土地已經沒有精確資料可做為行政依據，實際上各地方也都呈現半獨立狀態，中央政府也不可能進入調查，所以無論均田制或府兵制都已有名無實。府兵制長期以來就因兵員不足而深感苦惱，為了應付機動入侵的北方邊患，就地荷鋤的各地府兵，在反應能力上遠不及隨時可保持待戰狀態的專責軍隊；欲隨時待戰，則將領與軍隊建立長期的領導關係，就更不可或缺了，這是形勢比人強。此際真正派得上用場的，其實都是這些招募而來的專責軍隊。

　　當國家的軍隊以募兵為主幹，除了軍事方面之顯性功能外，募兵在政治上的隱性功能也不可小看。一方面招募體格強健者加入軍隊則其他老弱就不容易造反，另一方面若遇上災年，把流民和饑民招募進來當兵也不啻是個防止農民暴亂的經濟手段。但是，召兵過程的極度不健全始終是募兵制最大的弱點。後來的宋朝就是因為招募了一支素質很差、訓練不實的龐大隊伍，不僅在戰場上毫無戰力，甚至更拖垮了宋朝的財政。挽救匱乏的財政，政府不得不加重人民的稅捐，無力繳稅的農民被逼為匪之外，也可以加入軍隊謀個生路，同時面對毫無戰力且傷亡重大的軍隊，政府也不得不再度增加軍隊的數量以為彌補，軍隊的數量又再攀升，結果不僅財政支出幾近窒息，而且過多農民被召入軍隊又影響到農業生產及後勤補給，反而更不利於軍事行動，實為苦海無邊的惡性循環。宋朝之後，中國的兵制開始從廣泛募兵而往專業軍隊方向（世兵）移動，以特定的軍戶從事於軍職，清朝的八旗軍更是屬於特定族群的權利，但是清朝中後期終究還是需要靠募兵或地方武力來勉強應付內憂外患，這裡面存在長期的結構性侷限，兩千年來似乎並沒有隨著改朝換代而改變。

　　單看地緣政治的角力結果，宋朝可以說是中國最弱的一個王朝；可是單看經濟、文化的發展，宋代卻又出奇地繁榮與豐富，二者形成奇特的強烈對比。基本上，宋朝並無任何土地政策，它只承接了土地私有化的事實而不擬干涉，因此周谷城在《中國社會史論》中把宋代土地制度定位為「純粹剝削制」，屬於一種很難聽的說法。然而很多事情並非只有一個面向，在傳統政府並沒有太多「社會福利」餘力的前提下，當貧農無以為計而由地方富農收購貧農的土地，或許也等於是一種短期的「社會救濟」，讓賣身賣地的貧農可以苦澀地存活下來，雖然它的長期後果則是農村貧富差距的無限加劇。同時土地經由買賣或兼併之後，大面積的耕地開始出現，配合宋代普遍提高的科技發展（包含四大發明造紙、指南針、火藥、活字印刷），農耕和水利方面也出現許多實用的發明例如鐵耙與水車等，再加上開墾荒地一律不徵稅等獎勵措施，宋朝的農業產量明顯高於唐朝，而且關於土地買賣和土地租賃的法律也比前朝更明確，買賣契約必須送交地方政府加蓋官印（並繳交相關稅金），確保了民間社會財產權利的秩序，其他商業活動輔助條件的發展也超越前代。此外，宋朝在採礦、紡

織、工藝、鑄鐵、造船等等方面也非常發達，製造業不只吸收了農村被土地兼併所排擠出來的勞動力，民間的商業和服務業在大城市中也跟著繁榮起來，張擇端的《清明上河圖》於此有著精彩的著墨，甚至整個經濟局面之活絡，竟然造成流通的銅錢貨幣出現短缺，而逼出世界上第一個官方紙幣「交子」。表面上看起來，宋朝的經濟發展達到了前所未見的歷史高度，某些方面比西方社會更早趨近到「現代」商業文明的邊境，然而宋朝仍然是中國歷史上最弱的一個朝代；問題的根源，或許仍在大地。

　　對於傳統的皇朝而言，中國的土地真的太大了，政治版圖快要接近整個歐洲，但是歐洲卻分屬十數個國家。富麗堂皇的京城雖然可以撐起一個帝國的驕傲門面，但門面之內需要充實的地方太多了。國家藉著科舉考試創造出一批服務於政府部門的知識份子，這當然是一批珍貴的人力資源，但是要成為一個統治廣大領土而又有效率的政府，中國官員的數量事實上從來是不足的。科舉考試等於是現代的公務員文官考試，西方社會在這一方面深受中國影響，但是無論英國還是美國，樹立文官考試制度的時間都是在十九世紀，那是個工業社

會已經站穩腳步的時代，政府規模、教育普及、經濟分工、社會關係、商業規範等方面的制度性發展隨同龐雜的法律體系一起同步成長，文官制度只是這般發展趨勢的結果。中國文官考試雖然淵源甚早，但那是個廣大的農業社會，相對單純的日常生活以及規模有限的財政稅收，似乎不需要、也不夠本錢來建立一個至少足量的行政團隊。根據統計，西元 1371 年明朝官員數量只有很少的 5 千 488 人；更早於西元 960 年建立的宋朝為了減少財政開支，中央政府的官員被趙匡胤不斷遞減到 300 多人，地方的縣少於 200 戶的，公務員只有一人，400 戶以上的縣可以有 3 名公務員，這個數字要到宋朝第三代皇帝之後才大幅而不合理地逆增。「人多好辦事」的說法雖然粗糙但也有其一定的邏輯根據，然而傳統社會中要辦理的事情真的不多嗎？實際上倒也未必。只是就政府的角度而言，人力是進行管理的最基本條件，在缺乏充分管理人力的情形下，傳統國家大都只能運行最小、最起碼的功能，這意味著許多社會性、經濟性甚至政治性之該辦理的事，乃是由民間「自主團體」負擔起來的。

　　就西元 1000 年（宋代初期）來進行世界史的橫向比

較，中西雙方民間自主團體的發展模式，因為西方「封建城市」規格和中國「帝國天下」規格的不同，而漸漸走向截然不同的未來。在西方，民間自主團體與城市政治的興起息息相關，地方城市半獨立於面積不大（平均相當於中國的兩三個省）的各個封建王國，國王的權力原則上是伸不進來的。在中國的廣大土地上，皇帝的權力在理論上是觸及每個角落的，而民間的自主團體，也就是所謂的仕紳集團，理論上也臣服於統治整個中國的皇帝。相對而言，小區域自理自治的經驗，可以為爾後整個國家的高度統治而打下內部有機連結基礎，而大面積的低度統治則可能因為持續、勉強維持著門面，而原地踏步。

不過，仕紳集團也不能說它完全是「民間」的勢力，而這又與科舉制度有關。自古以來，地方勢力始終是中華帝國權力的分享者，同時帝國權力也依賴地方勢力的協助統治。但是，地方勢力終究不等於國家，至少它並不直接代表國家，所以地方勢力必須謀求它和國家之間在體制上有所接軌，他們的權力才多少有其名正言順的依據，而此一納入體制的正式管道，即是科舉制度。

科舉制度在隋唐時代已經成型，但它的成熟與制度

化則是在宋朝。我們常說「富不過三代」，這樣的說法
源自宋代，雖然今天還相信這句話的人越來越少。因為
宋朝大幅改良科舉制度之後，嚴格提升了考試的公平
性，今日我們入闈出題與試卷彌封等作法都始於宋代，
所以朝中大臣的子孫若未能考上科舉，就只能通過其他
管道擔任中低階的官員，接下來的子孫若再不努力，前
途就更不堪了。因此，宋代原本的說法是「富貴不過三
代」。必須說明的是，並非除了科舉考試之外當權家庭
的子弟就沒有其他的安插途徑，而是說至少就科舉這個
大門大路來講，它的公平性是不容質疑的，而且正規科
舉之「昔日齷齪不足誇，今朝放蕩思無涯；春風得意馬
蹄疾，一日看盡長安花」（唐代詩人孟郊）之原子彈爆
炸似的榮譽與狂喜，以及就仕途的高貴前景而言，科舉
是其他管道無法取代的。由於仕紳與科舉在宋代同時制
度化而合流，仕紳與前朝相對單純的豪門巨戶相比，在
性質上已有重大的變化。

在定義上，仕紳乃是地方鄉里的士大夫，性質上是
讀書人或官吏，他們也是地方或大家族的代表。仕紳其
實是一種集團，有些人在朝為官而離職或退休後返鄉為
紳，或者與這一批人有直接或近親關係的人們也可列入

仕紳，但後者本身不一定有正式的功名。仕紳一方面是
鄉里所敬重的一群菁英，同時也是地方的實權人士。越
是接近都會地區，則仕紳的身影及影響力越不明確，但
是在廣大的鄉野農村，一個秀才就很顯赫了。十年寒窗
不事生產而閉門讀書，這原非一般人的經濟或知識能力
所能獨力完成。考試及第的讀書人，並非沒有來自貧窮
家庭而苦讀出身者（宋代這類窮書生中舉者不少），但
大部分考生都是地方或家族之集體力量長期支持出來的
成果，因此這個成果也同時歸屬於地方或家族。因此綜
合起來，整個仕紳階級的成形條件在於功名、教育、社
會影響力及經濟力量的匯集，而經濟力量更直接來自土
地的佔有。由於仕紳的特殊性，使它在地方包辦了教
育、救濟、道德教化、裁定糾紛、配合公共政策、興建
地方建設、宣導政令、協助稅收，甚至訓練地方武力等
功能；缺少了仕紳的幫忙，單憑地方政府少數人力絕對
是一籌莫展的。仕紳對於公務的協辦可以減少國家的行
政支出，但也因為仕紳的長期介入地方事務，因此這些
非正式集團，其實比正式但卻來去流動的官員更深入底
層社會，影響力也更為深遠。同時由於讀書、應考、做
官乃是仕紳代代遺傳之最重要的力量來源，因而仕紳也

是官方儒家意識形態的傳播者，具有統一全國政治文化的功能，因此也可以說是國家統治正當性之最基底的社會化力量。因此，作為一種交換，仕紳集團具有不必服勞役、見官不必下跪、打官司及收養僕婢的權利，成為一種非官非民、亦官亦民的特殊族群。當我們經常以「官」、「民」兩個領域做個非此即彼的二分時，費正清（J. K. Fairbank）非常傳神地把仕紳定位在「公」領域上。公，它不是「私」（民），但公也並不是「官」，它只是巧妙履行著「公家」單位的作用，因而費正清也直接把宋代的民間社會稱為「仕紳社會」。然而在稅收方面，由於傳統中國基本上都是屬於人頭稅，而非依據財富多寡而徵收累進稅，因此仕紳集團本身雖是地方的經濟大戶，但對於國家稅收的貢獻卻十分微薄；中央政府如此依賴仕紳，對此事實基本上都是睜一眼閉一眼，不認為此一稅收短缺「構成問題」。

總而言之，中國的傳統政治可說是由中央統治士大夫，再由士大夫（通過仕紳）統治整個社會，分為兩步來走。就其影響力直接所及的表面範圍而言，有人也把仕紳稱為「鄉」紳；但是當某仕紳集團中有人獲取了很高的功名、甚至在朝廷的高層當官，則該集團的影響力

可能就不是「鄉」紳概念可以侷限的了，雖然它的「本質」仍然屬於鄉、屬於民。因此，費孝通主張中國的傳統政治結構可以分為中央集權和「地方自治」（而不是中央政府和「地方政府」）兩層，由於地方自治其實就是（鄉民）仕紳自治，所以上下兩層之間又不能說它是行政隸屬關係；仕紳和地方官的接觸，理論上仍然是「私人關係」的往來。如果經過協議而仕紳對於政令還是無法接受，有辦法的大可以透過關係網絡而往上行動，找到地方官的上司、甚至再跟中央政府裡面的「鄉賢」取得聯繫，回過頭來壓制地方官，所以這種由「自己人」（或者類似近代的同鄉或省籍意識）所構成的勢力圈也有可能從地方涵蓋到中央，不能輕易小看它。但是，如果每一個當朝的高官本身都是某一地方的鄉賢，則中央又如何能夠以一紙公文對地方進行領導與監督呢？中國整個國家在「上、下」之間的分際其實是一言難盡的。而雪上加霜的情況是，由於科舉考試錄取名額在宋代大幅增加，官員和讀書人的數量跟著增加，無論讀書人最後是否登科，仕紳的隊伍則越見龐大。（中央）政府如何透過仕紳而推展政務，同時又能把仕紳的影響力控制在一定範圍之內，這始終是令政府頭痛不已的難題，特

別是如果這個政府想要有一點具體作為的話。

　　仕紳這個半獨立於政府而性質上又屬於「社會」的族群，無論如何也算是各個基層角落的教育者，千年以來儒家的倫理教化是靠他們來推廣；即便他們是地方的權富集團，但仕紳本身的行為也不能超越儒家的道德規範，基本上仍在分寸之內。廿世紀之後，科舉考試停辦了，「現代化」的觸角隨著大有為的現代政府而開始深入農村，傳統仕紳被迫退回城市，中國大地的地方力量遂落入新的官僚及舊的「土豪劣紳」手中。這些人表面上可能講究法律，同時也發揮傳統仕紳的同一功能而代為推動國家的政策。然而近代中國戰爭接著戰爭，革命接著革命，新興的地方自治團發揮統治作用卻沒有傳統仕紳的「道德包袱」，因而也完全沒有拿捏分寸的空間，中國的大地眾生遂承載著更沉重的擔子。

莫放窮愁入兩眉

第二章　入　仕

　　科舉考試，考生須先通過地方州縣的考試，接著由中央政府再進行複試（筆試及口試），這是一條漫長的路，許多讀書人終其一生都與功名無緣。大約唐朝之後，科舉本身最主要的分科是明經科及進士科，明經科考的教材是以儒家經學為主，但進士科還要再加考詩賦，因此考取進士的難度很高，錄取的人數大約也只有明經科的十分之一，所以有句流行的說法「三十老明經、五十少進士」，卅歲才考上明經科的就已太遜了，但五十歲考上進士的卻還算「年輕」，不過真正「一舉成名天下知」而備感尊貴，同時功名層次也較高的，也是進士。然而，正因為許多考生最後終於獲取進士的時候年齡可能也大了，此時可奉獻給國家的生命與精力恐

怕也有限得很，這是科舉制度為國舉才方面的重大缺憾。

　　唐代科舉，及第之後還要通過吏部（主管人事）的考試才能獲得正式官職。然而在宋代，吏部的考試授官已被取消，取而代之的是進士必須再經過皇帝主持的「殿試」來最後確認（或否決）進士的資格，核定名次之後即行授予官職。不過，這裡也隱伏了一些問題，它首先發生在宋仁宗的時代。考生張元過關斬將連試皆捷，沒想到最後在殿試中竟被否定了資格，前功盡棄而一切歸零。張元一氣之下含淚離開中原投靠西夏，不只受到西夏重用而官銜遞升至相當於宰相的地位，而且他提供的謀略還讓西夏把宋軍殺得棄甲曳兵。此後，宋朝的殿試就只敢決定名次而已，不敢再否定考生已然取得的及第資格。

　　科舉考試還隱藏了另一個弱點。考生長期埋首於讀書應考，儘管「秀才不出門」通過書本也「能知天下事」，但基本上畢竟是缺少社會經驗的，一旦登科之後走馬任官，其做人處事的能力究竟如何，其實也很令人懷疑。王安石自己就寫過這樣的詩句「讀書謂已多，撫事知不足」，既是他的自我警惕，恐怕也是一般官員的眾生相，只是一般讀書當官的人不一定有此自覺。

　　宋朝的中央政府官員也可以擔任地方官，如果朝廷
大臣到地方兼領一縣之長，稱為「知（主持）某縣事」
而簡稱「知縣」。原則上每個官職從事三年之後即由中
央政府另行派職，這是宋朝擔心官員常駐一地容易形成
個別勢力所設計出來的對治辦法。王安石的父親也是進
士出身的中級官員，廿歲之前王安石就已經隨父親遊歷
四方而接觸到各地的民間社會。王安石並沒有把苦讀儒
家經典而追求功名當作年輕時的唯一目標，他興趣廣泛
而無書不觀，佛經、醫藥、法家、墨家、道家通通在
列，而這裡也隱藏著王安石讀書的「方法論」。王安石
認為，如果只埋首於儒家「正統」經書而不細讀其他學
門的經書，我們其實也無法真正辨別儒家經典的本義，
而無法掌握本義就有可能本末倒置、因小失大。因此，
為了徹底理解儒家經典，學子就應該無書不讀；王安石
甚至連「農夫女工，無所不問，然後於經為能知其大體
而無疑」。如果不能從各方面的學問、包含販夫走卒的
生活經驗來彙整、比較與反省，讀書人終日單單捧讀儒
家傳統經書，最後也只「讀經而不知經」，不只浪費生
命而已。所幸，據說王安石有過目不忘的本領，博覽雜
書之餘還有餘力按規矩參加科考。

　　王安石廿一歲就在宋仁宗的殿試中拿下進士第四名，接著以「判官」授職。判官的地位類似輔佐主官之副座或諮詢顧問，名為輔佐或諮詢，但實際上也是從旁見學，是初歷官職者頗為合理的第一份工作。就在這個時候，當朝重臣韓琦因故被罷到楊州，王安石成為他的幕僚。後來有一本邵伯溫寫的《邵氏見聞錄》提到王安石每每用功讀書，從深夜研究到天亮才放鬆稍微打盹一下，驚醒來就發現自己遲到了，趕緊跑步來上班，連整理衣冠和盥洗都來不及。韓琦眼看王安石一副狼狽模樣，以為這個年輕人晚上八成花天酒地去了，於是就勸王安石不可浪費青春時光，要好好用功讀書，王安石則靜靜佇立一旁，沒有為自己辯解，事後卻向他人抱怨老闆不瞭解他。邵伯溫是王安石政敵司馬光的門人，《邵氏見聞錄》所寫的內容不一定可靠，而且整部書的內容一提到王安石就沒好話，但是以上這一段王安石的「壞話」，卻反而很寫實地襯托出王安石認真到底的精神與異常執著的個性。任職屆滿之後王安石調回京師，極力請求朝廷外放他去當個地方官，讓他一試身手，後來如願被派去鄞縣。「瀅瀅溪谷水亂流，漠漠郊原草爭出。春風生物尚有意，壯士憂民豈無術」，當時是壯志凌雲

的廿六歲，王安石懷抱著「豈無術」的自信。

鄞縣是個接近海邊的偏僻縣份，當地最大的問題是地方官長期以來對於農田水利的廢弛，農民久旱無水可濟，大雨襲來則淹沒農田表土流失，地方士紳也不願意出錢出力進行整頓，坐等貧農無法生存而把田地賣給自己。王安石摸清鄞縣的狀況後，一方面緊急將倉儲的米平價貸給農民度荒，以免農民一旦賣地就永遠失去生產工具，二則大力動員民工整治全縣的河川、溝渠和池塘，使「水有所去，故人無水憂」，同時整理過的農田也能夠增加生產；王安石最核心的主張，向來就是「興利」才是所有政府政策的最終目標。為使縣政府的政策能夠貫徹執行，王安石踏遍鄞縣的十四個鄉鎮，親自督導各項工程如期進行，而且一路和在地父老訪談協商，除了取得第一手在地資訊之外，也尋求（或強制）仕紳的配合。當時的環境不像現在的交通如此便捷而隨處都有旅館，王安石是以翻山越嶺的方式進行走動管理，所以經常深夜才借宿於各地的寺廟，隔天再動身繼續視察。換言之，王安石並不是一個坐在辦公室發號施令的父母官，而是親力親為且深入瞭解具體問題的工作狂。但是，在鄞縣的辛苦邁力卻讓他有著下面的悠悠感觸，

認為「小人可與樂成，難與慮始，誠有大利，猶將強之」；以今日的語言來說，雖然明知政策有利於全體，但是大家都不願挺身而出，因為只要事情有人做，完成之後自己也搭順風車而一體受益，這乃是一般人（小人）的性情；所以，即便是公益之事，也不能沒有公權力來強迫推動。鄞縣三年經驗的諸多點滴，也是爾後王安石變法的伏筆。

　　鄞縣的位置在今日浙江近海地區，浙江沿海之海鹽的曬製，乃是國家專利的財源，所以私鹽的買賣就是政府欲極力防堵的財政漏洞，可是這並非鄞縣縣長的權責。可是在王安石的觀察中，他發現沿海的百姓少有耕地而且生活貧苦，製鹽私賣乃是他們唯一的謀生方式，因而「海旁之鹽，雖曰殺人而禁之，勢不止也」，王安石認為「民之生，重天下」，輕重緩急必須有所分別。更何況，王安石發覺他的頂頭上司為遏止私鹽所採取的做法，竟然是要求百姓（而不是政府）拿出一筆錢，再以這筆錢用於追捕私鹽或者當作告密者的賞金，王安石認為此舉實在過分，憤而寫了一篇文書向其上司進諫，強調拿錢誘使百姓相互告密的結果將是監獄人滿為患，批評這個短線操作的手段不僅「非所以為政也」，況且

百姓「不煎海水餓死耳,誰肯坐守無亡逃?」至於亡逃去那裡呢?王安石的同一首《收鹽》詩裡已經點出一個要命的關鍵「海中諸島古不毛,劫殺賈客沉其艘」,東南沿海的鹽民船戶如果無法謀生,就不得不「合而為盜」;這裡所謂的盜,就是指海盜。中國海盜的大本營向來是在浙江、福建離海邊不太遠之星羅棋布般的各個小島,因為這些小島無論躲藏、出擊都有地利之便,商船剛一出港就被盯上而在劫難逃。同時,海盜的打劫通常是採取結盟合作的方式,而且這樣的合作模式也包括陸(民)與海(盜)在資訊、人員補充、物資後勤與戰利品販賣之互通,所以王安石才會使用「合」而為盜的說法,觀察十分入微。衡量於鹽、盜之間,王安石以整體的眼光看待局部政策的骨牌效應,不僅說明了他的觀察範圍早已超越自己的縣份而及於更寬闊的天下(換個說法就是愛管閒事),而且對於頂頭上司的直言敢諫:「上可以使下之人自言者,惟閣下;其職不得不自言者,某(我王安石)也」,也充分流露出王安石的年輕氣盛。

　　不過,這件事情其實也反映出一個實際的狀況,那就是身在中央政府之外的地方官員按照自己認為正確的

想法去做事情，基本上是沒有統一行政原則可資遵循的，只要不出事，地方官員的裁量空間非常大。這般行政裁量空間或者有利、或者不利於政策本意的實現，則相當依賴地方級官員的自覺程度，不能以今日各級政府統一「依法行政」的原則來期待。

　　鄞縣縣長任期屆滿，王安石回到京城待命新職，但他還是乞求調往外職，於是前來舒州擔任副職，州的位階比縣要高一級。舒州位於今日的安徽，當時也屬於較為偏遠的地帶，往來視察舒州這個「荒州」各縣百姓的生活實況，此一時期王安石的詩（其實等於日記）流露出許多哀怨不忍之情，例如「豐年不飽食，水旱尚何有？」「況是交春冬，老弱就僵仆」、「三年佐荒州，市有棄餓嬰」、「崎嶇山谷間，百室無一盈」等等。但是更令王安石感到痛苦的是，面對如此人間苦境，大小官員們卻「彼昏方怡然，自謂父母官」、「俗儒不知變，兼併可無摧」，語氣中毫不掩飾他對其他「俗儒」的不屑。

　　這時候的王安石已經漸漸受到中央朝臣的注意，希望他能夠來中央政府服務，王安石始終婉謝不就。舒州職務任滿，朝廷請王安石回京擔任「集賢校理」（性質接近國家圖書館人員），這是許多外職官員夢寐以求的

職位，因為它是一腳踏進京師，而伺機再往高層移動的跳板，不料王安石堅持不接受這個「閒差」，而且還一連四次上書請辭，頗予人不識抬舉的驕傲感，最後王安石被派去群牧司管理馬匹。

王安石對於功名利祿看得很淡，「自笑虛名亦自嫌」，認為在地方上工作反而可以對百姓有一些實質的貢獻，自許「稿壤（乾土）太牢（帝王牲禮）俱有味，可能蚯蚓獨清廉」。可是經過大約兩年的時間，王安石非常了解如何「管馬」之後，個性強硬不屈的他，也不得不低頭，開始多次主動上書乞求朝廷能夠改派他去「管人」。王安石的態度似較柔軟了些，朝廷同意讓他去擔任常州的州長。

常州在今日今江蘇的南方，原本是水力豐饒的魚米之鄉，但是當地的農民似乎也沒有蒙受水利之便，於是王安石打算把鄞縣的做法加以擴大，大力興修堤防並整理民間的魚池，全力改善水陸兩方面的利益，不料這回他竟踢到鐵板。當王安石以州長的身分調集各縣民工的時候，竟然遭到各縣有力人士的集體反對，而且此時王安石的頂頭上司也不支持王安石。州長動不了縣長，只好動員少數直屬民工來做水利工程，不只人力嚴重不足

而進度落後，而且連續惡劣的天氣也讓不少民工病倒，導致怨聲載道，州長的位子只做了一年多，王安石就被拔官，後繼工程無人願意接手而不得不廢棄。這個事件，讓王安石感到「悔恨無窮」。這是心高氣傲的王安石在推行政策上首次遭遇到的大挫敗，他自己反省說「若夫事求遂，功求成，而不量天時人力之可否，此某所不能」，這確實也是失敗的主因，而今「論者紛紛，豈敢怨哉」。但是，豈敢怨哉的王安石還是難免抱怨，感嘆「方今萬事之所以難合而易壞，常以諸賢無意耳」，不過這句話其實是有語病的。成就一件事情需要的是因緣俱足，諸賢無意本來就萬事難「合」的因素之一；王安石沒有意識到他自己把「人」的因素排除在眾多因緣之外，似乎也是一種不祥的預兆。

卸下州長之後，王安石被派去「提點刑獄」，處理有關於訴訟審判的業務。王安石盡力深入、且同情地瞭解手邊的刑獄實務，他知道這是一般官員極不願意碰觸的領域，他們認為刑、獄、法、案之類的事情不登大雅之堂，文人雅士要是講究它，就「俗」了。然而地方官員審理案件及高層官員形式上再予複查，如果沒有按照既有律例當作基礎，沒有按照人情常理據實推斷，則百

姓的冤屈和苦難就難以想像了。不久之前，范仲淹曾經
針對宋代的積弊提出一些改革呼籲，直言「天下官吏，
明賢者絕少，愚暗者至多」，而高級官員面對下屬的第
一線斷案過程也毫無洗刷冤屈的能力，「民訟不能辯，
吏奸不能防，聽斷十事，錯失者五六」；十事錯五六，
一半以上的審判都是冤錯的，這是何等可怕的數字。後
來王安石變法，格外用心於提升法律及斷案知識的地
位，這方面的努力卻經常被後人忽視，但這其實是天下
生民最迫切哀嚎的需求。

　　關心法律獄政的同時，不變的王安石同樣「不務正
業」。提點刑獄的機關設在饒州（今日江西地區），饒
州是茶葉產區，茶葉既是政府的專賣業務，也是宋人的
生活必需品，一如王安石自己的描述「茶之為民用，等
於米鹽，不可一日以無」，但是公家單位做事情卻經常
讓茶葉腐敗變質而又售價高昂，管理流程極不得法。王
安石具體提出改善辦法，加入商辦的效率而改革茶葉專
賣流程，雖然「不在其位」竟然也獲得當局的採納。事
實上王安石對於宋代囊括天下的專利制度是不以為然
的，但是他最後也沒有挑戰這個制度，因為專利過程涉
及官商之間盤根錯節的利益分配，問題的解套極為困

難。王安石在提點刑獄機關只做了八個月，歷經各地不同職務的歷練將近十六年之後，卅七歲的王安石被宋仁宗召回首都汴京（今河南開封），王安石這次並沒有拒絕，而且他將服務於一個非常關鍵的政府部門──「三司」。

　　中國各王朝都很重視祖宗家法，因此開國者種種的奠基規矩，後人基本上是不敢踰越的，無論這樣子的奠基架構在效應是正面多還是負面多，一體代代繼承。宋太祖趙匡胤立國之後，既沒有農田土地的再分配計畫，也沒有建立專業軍隊之制度設計，政府的體制大致上依循唐朝的舊制，只有主掌軍事的樞密院和主掌財政的三司，或者是唐朝所沒有、或者沒有受到重視的，反而形成宋朝中央政府的特色之一。整體來看，皇帝腳下的中央政府可以說是「三權分立」，中書省掌行政，樞密院掌軍事，三司掌財政，既是一種分工，同時也是「相權」的分割與相互制衡。然而，所謂的財政權也不是集中在一個機關，一方面三司在帳面上仍設置於中書省之下，二方面則是它又分別由鹽鐵司、度支司、戶部司等三個司各別行使獨立職權。鹽是民生必需品，鐵是鑄錢的原料，為防止私人鑄錢製鹽而歸由國家專賣，所以設了鹽

鐵司；度支司掌管全國的賦稅，也負責編造國家的預算；戶部司則是掌管全國戶口田賦的機關，三者都跟國家的財政有關。三司之上設有一個三司使以總理財政，因此三司使也有「財相」之稱。對王安石而言，進入三司當中的度支司，讓他有機會一窺國家財政的虛實，這是一段非常重要的工作經驗。

來到京城不久，王安石就上陳了一篇紮紮實實的萬言書給宋仁宗，這和宋仁宗一度曾經有過的改革企圖有關，王安石對仁宗還抱持著一線希望。

北宋期間，於北方頻頻受到西夏和遼國的壓迫，軍事上勝少敗多，雖然最後都是以和議的方式收場，但其實都是花錢消災而已。維持龐大的軍隊以及戰爭的耗費，讓宋朝背著沉重的財政負擔，國家稅收的十分之七、八（另有估算六分之五）都流進軍事錢坑。宋朝的經濟雖然繁榮發展，但土地的兼併情形卻非常嚴重，仕紳結合公卿大臣佔有一望無際的農田，貧農只能賣身求活，還有其他林林總總的積弊，宋仁宗在位長達四十二年，對於國家的病勢也莫可奈何。雖然仁宗一度起用范仲淹來進行改革，但是朝中大臣對於改革竟然多持反對的態度，改革之路連踏出金鑾殿都舉步維艱，因此一年

後就走不下去了。當然，宋仁宗被許多人評價為很好的皇帝，他本身的生活也非常簡樸，然而政治是一套環環相扣的大結構，皇帝也只是這般複雜結構當中的一環，並非君王本身的正派作風即能風行草偃般輕易左右全局。今人生活在民主制度中，經常把皇帝與專制畫上等號，認為專制就是皇帝一人專憑己意就能宰制天下，群臣只能叩首謝恩；在許多時候，這樣的想像實際上太抬舉皇帝了。

　　王安石在仁宗的最後壽年回京任官，雖然之前短命的改革已經塵封，但他還是呈遞了一卷《上仁宗皇帝言事書》，很有系統的書寫出他對國家的觀察，同時也把自己的政治哲學與胸中的對策做了清楚的交代，是中國政治史上很重要的一部文獻，也是爾後王安石變法的基本藍圖。以下是《言事書》的大意，凡「」符號皆是王安石原文：

…………………………………………………………………………

　　報告皇帝，您是如此謙卑、節儉、聰明又不好聲色，同時又「夙興夜寐，無一日之懈」，您如此辛苦，理應「天下大治」才對，但結果偏又「效不至於此」，為什麼呢？臣安石認為，原因就在於您「不知法度」，

無法對症下藥拿出辦法。所謂的不知法度，就是指現行國策「不合先王之政」。然而古代的先聖先王不只距今非常遙遠，而且古今社會條件的差異也甚大，就算再愚笨的人也知道今人不可能「法先王之政」，所以重點應該是「法其意而已」，師法先王「為天下國家」而設想的本意。本末自有不同，若能抓緊先王的本意來推動改革，就不致「傾駭天下人之耳目」了。

我知道皇帝您也想要改革，但心有餘而力不足，更具體的原因則在於您「在位之人才不足」啊。滿朝文武人數不少，但真能知道先王本意的則不多，甚至地方「苟簡貪鄙之人，至不可勝數」，這是安石這幾年在各地職場上親自體察的事實。朝廷下達的命令雖然用心良苦，但正規官員沒有能力去務實推動，協助官員的小吏們又趁機上下其手，結果老百姓未蒙其利先受其害。孟子說「徒法不足以自行」講的就是這種狀況。

反過來說，只要人才眾多，皇帝您才可以從人才庫當中有所選擇，甚至選擇到足夠的數量來辦事，辦出合乎先王之意的善政。可是，難道先王們就有足夠眾多的人才嗎？當然不是這麼簡單。與其說先王們手下的有很多人才，倒不如說先王們懂得如何培養人才，懂得「陶

冶天下之『士』，使之皆有『士君子』之才」。（士是泛指讀書人或讀書而當官的人，士君子是真正適合為官而福國利民的人）更具體地說，先王培養人才是講究策略的，簡言之就是「教、養、取、任」四大方向。

所謂教，上至朝廷下至地方，無論理財、軍事、典獄、治禮等等，方方面面都是有學問的，教導之官一方面廣為教學，先培養有學習能力的士，再從士當中嚴格選出「可以為天下國家之用」的士君子；也就是說，人才是有教（量）才有得選（質）。所謂養，就是要給人才一定的財富。不足而貪本是人之常情，所以人才的俸祿要「足以養廉恥」，但同時也要注意「約之以禮、裁之以法」，三者不可偏廢才算是完整的「養之道也」。所謂取，先王的取才方式向來都是從下而上。但即便是眾口一致推崇的賢能之士，先王也要自己再考察一下；更重要的是，先王考察人才的方法不是當面談談而已，而是具具體體地「試之以事」，要辦事才知道行不行。所謂任，就算是個賢能之士，也應該按照他的「德之大小、才之高下」來安排適當的官位。一旦做得夠久而經驗足夠了，則要「待之以考績之法」，如此一來，真正的人才方能夠「盡其智以赴功」，想偷懶的也不敢隨便，

而無能之人自然趕緊辭避而去。能做到這四項，先王就算不想要有所作為也很難吧。

以古準今，當今我朝的實況如下。讀書人應該學習的是可供「天下國家之用」的知識，而這樣的知識，在地方事務方面其實已無人可教。中央政府之事務雖有太學等機構負責教導，但一方面只教導而不嚴選，無考核就出不了人才，二方面位居廟堂中央的高級學者們只講究「章句而已」，「以課試之文章，使其耗精疲神」之外，連他們自己也認為禮樂刑政這些玩意兒「非已所當知也」。這也就是說，科舉考試「所得之技能，不足以為公卿」，因而這些讀書人「使之從政，則茫然不知其方」。政府事務的各方面其實都是一種專業，古代先王「朝夕專其業於天下國家之事」，也不保證能夠得才於政，何況我們今日是「朝夕從事於無補之學」，所以依目前的趨勢下去，不僅無法使士人成材，而且剛好相反，它反過來耽誤、毀壞了國家需要的人才。同時，傷害更嚴重的地方在於「先王之時，士之所學者，文武之道也」，任何官員對於軍事「隨其才之大小，未有不學者也」。今日的學者則「以為文武異事」，「以執兵為恥，亦未能有騎射行陣之事者」，大臣只知道、也只想治文事而

已,一旦邊疆有軍事壓力,就把責任推給第一線的士卒,凡此現象都不符合先王之道。

再談養,今日國家給的俸祿真的太薄了,除了皇帝您的少數近臣之外,只要家裡人口一多,朝臣「未有不兼農商之利」而能養家活口的;中央政府如此,地方官的情況就更不堪了,所以高官貪污營利,小官無所不為,則「治道何從而興乎」?然而先王的辦法卻不是這樣。先王瞭解並正視人性,知道能夠做到「窮而不失為君子」的人(亦即「中人」以上之人)實在太稀少了,大多數的人其實都屬於「中人」,而中人的特性就是「窮而為小人、泰而為君子」;如果中人就是大多數的眾人,先王知道「眾不可以力勝」,所以俸祿給予的標準則「以中人為制」。但是這還不夠,先王也把婚喪喜慶的禮數也作了規範,否則富者不斷追求排場,貧者害怕「人以為恥」也勉強跟進,結果大家「以奢為榮、以儉為恥」,加碼拼場的結果,上述之中人為制最後也將撐不住,所以「饒之以財」之外又必須「約之以禮」。

報告皇帝,您自己的簡樸自守,大家有目共睹,可是您身邊的大臣表面跟您學習,關起門來卻「奢靡無節」,只不過好像朝廷也沒有對他們有所處置;朝廷在

這方面的無所作為，就是對天下進行錯誤的示範。先王特別看重「禍之所自生」，也就是注重「因」而非「果」。今朝廷「重禁貪吏而輕奢靡」，「此所謂禁其末而弛其本」，本末倒置當然動搖國本。

也有人主張國家本來就「財用不足」，所以俸祿微薄也是沒有辦法的呀。然而依臣的瞭解，先王治財的總策略，是「因天下之利，以生天下之財；取天下之財，以供天下之費」；就算先王財用不足，它也沒有真正傷害到國家，因為真正的傷害來自於國家的「治財無道」而已。「誠能理財以其道，而通其變，臣雖愚，固知增吏祿不足以傷經費也。」

再者，當今的制度以三年為期，讓官員屆滿就輪調；正因為任期不久，就算有心人把業務搞清楚了，還來不及發揮他的績效就要走人；居下位者知道長官頂多三年就走人，當然也就不肯輕易接受長官的教化。而當長官的就算敷衍從事，只要不出大紕漏，三年後一樣有新職可做。這樣的後果是，由於任期不久，居位者難以專注於工作而終於有成，所以「賢能者」和「不肖而無能者」，差別就不怎麼明顯了；差別既然不明顯，對於任事者的選擇，最後也只好將就於論資排輩。因此，朝廷明知某

人賢能，論資排輩之後也不敢選擇這個人，因為眾臣會抗議；朝廷明知某人不肖而無能，除非他犯了重大錯誤，論資排輩之後還是得選擇這個人，否則眾臣也會抗議。在這種情形下，臣觀察前一時期陛下您的改革，只要朝廷上「有一流俗僥倖之人不悅，而非之，則遂止而不敢」。然而改革是「刀筆之間」的事情，僥倖之人雖然不悅，但「不勝天下順悅之人眾」，因此先王以法度力排眾議，明明知這樣做很困難而「猶忍而為之，以為不若是，不可以有為也。」

臣蒙陛下之任使，自當有所報答，所以此番言論「敢及國家之大體」，「伏惟陛下，詳思而擇其中，天下幸甚！」

⋯⋯⋯⋯⋯⋯⋯⋯⋯⋯⋯⋯⋯⋯⋯⋯⋯⋯⋯⋯⋯⋯⋯⋯⋯⋯⋯⋯⋯

以上是王安石上書宋仁宗《言事書》的大略內容。以今人的角度來看，洋洋灑灑的快言快語，彷彿一個還不到「不惑之年」的年輕官員竟然在教導一個老皇帝要如何當皇帝，同時也輕輕地批評了仁宗皇帝缺少魄力，皇帝看了能不瞪大眼珠嗎？仁宗左右負有撫政大責的官員若看見王安石對於朝官國政如此的批評，能不瞪大眼珠嗎？總之，萬言之後，一片寂靜。一端是慢條斯理的

老皇帝，一端是心急如焚的年輕官員，揚言「天下安危治亂，尚可以有為；有為之時，莫急於今日；過今日，則臣恐亦有無所及之悔矣」。

原以為終於可以一展抱負的王安石，立刻發現自己一腳踩空，而後就被調離度支司不讓他「管錢」，堅持要他去國家圖書館「管書」。王安石極力請辭新職，來回周旋許久，最後抓他去擔任宋仁宗的起詔秘書而「管字」，而仁宗此時也已垂暮矣。不久，王安石藉返鄉奔喪而辭掉了這個秘書職務，仁宗去世後接著的是短暫的英宗階段，同樣婉辭中央政府的職務徵召。這一脫離，就是十年。

不過，自從進入官場之後，王安石的名聲已漸漸傳揚開來，無論傳開的名聲是著重於王安石的文筆、能力、倔強的個性，還是令人側目之特立獨行。當宰相歐陽修終於見到後輩王安石的時候，除了表示「長恨聞名不相識」之外，同時更肯定王安石「後來誰與子爭先」，此言就算是應酬文字，也接近極度的讚賞。歐陽修的褒獎說明了兩件事情，一是王安石在還沒有主持變法之前就已經很出名了，其次是歐陽修此時已經看出王安石的未來。不過，就在這個時候，另外有人也看出了王安石的

未來，但評價卻與歐陽修天差地別，這個人就是蘇洵。
蘇洵寫了一篇《辨姦論》，主張要辨識出的大姦大邪之
人，而這個人就是指王安石。《辨姦論》一開頭就架設
了一個邏輯大前提：「事有必至、理有固然」，因而古
代有兩個壞人叫王衍與盧杞，雖然還沒有危害天下，但
是「高人」一眼就看得出來他們將來不是好東西。接著
說，「今有人」，嘴巴動不動就講到孔子、老子，用心
其實是「收召好名之士、不得志之人，相與造作言語（捏
造謊言）」，這個人自以為是顏回、孟子的再世；而他
的「陰賊險狠」又與眾不同，這是把王衍和盧杞的惡性
合併「合而為一人也，其禍豈可勝言哉」！臉髒了洗臉，
衣服髒了洗衣服，這是人之常情。但是這個人他卻不
然，「臣虜之衣，食犬彘之食，囚首喪面而談詩書」（他
穿著囚犯的衣服，吃豬狗吃的食物，蓬頭像囚犯，垢面
像居喪的人，卻大談詩書），這豈是人之常情呢？「凡
事之不近人情者」，很少不是個大壞蛋，像豎刁、易
牙、開方就是這種人。當前「雖有願治之主，好賢之相，
猶將舉而用之，則其為天下患，必然而無疑者」，而且
他未來所造的禍患，也「非特二子之比也。」

　　這篇《辨姦論》的布局用語實在太順暢、太優美了，

推理邏輯也行雲流水，所以它入選於清代編輯的《古文觀止》，對於後人的影響甚巨。不過，這篇無涉具體政策而只顧人身攻擊的文章，也是極盡了文人遣詞用字之刻薄與卑鄙，淋漓盡致地顯露出人性的黑暗與惡毒。蘇洵死於 1066 年，大約在王安石擔任仁宗皇帝起詔秘書之際，所以這篇文字的寫作時間至少是在王安石擔任秘書之時或之前。之前，蘇洵長期在朝為官而王安石則長期在地方流轉，兩人沒有打過幾次照面，況且此時的王安石還只是初次踏入中央政府的中階官員，在《辨》文中就已經「收召好名之士、不得志之人」而結黨致亂天下，同時已「有願治之主，好賢之相，猶將舉而用之」，顯然「預言」得太準了、也太早了，起碼早了十年。如果這篇文字確實出於蘇洵之手，則不免極端降低了蘇洵的道德格調；如果是有人假冒蘇洵之名而於蘇洵死後寫出這篇傳誦千古的「文宣」傑作，首先對不起的人應該是蘇洵才對，而所謂的「辨姦」的對象則應另有其人。

奔走風雲四面來

第三章　相　國

宋仁宗去世，宋英宗繼位，四年後也跟著去世，彷彿天命難違，歷史的大舞台迫不及待要遞交給宋神宗，神宗此時年紀不到廿歲。

在漢武帝之前，中國的君王只有年數而沒有年號，例如孔子生於魯襄公 22 年（西元前 551 年）。漢武帝以「建元」為年號，象徵一個新紀元的開始，之後立年號就成了政治慣例。明朝之前，一個皇帝一生可能有好幾個不同的年號，象徵不斷「改元」而循環新生；明清之後一個皇帝只以一個年號到底，所以大家反而不記得「清世宗」，只記得清世宗「雍正皇帝」死於「雍正五年」，以「雍正」年號來代表這個皇帝。皇帝的年號總是美好的，例如宋神宗年號是「熙寧」，望文生義則看

似一片安寧詳和。

英宗在位時間雖然短暫，但是仁宗時代的重臣如韓琦、歐陽修、文彥博等人繼續成為英宗的重臣，同時英宗也提拔了司馬光入閣；這些重量級的政要，也一路成為神宗時代的重臣，許多人更是三朝元老，他們都反對「熙寧新政」。歷史舞台既是機會也是侷限，神宗概括承受。

神宗同時概括承受的財政問題，其實是內外交困的結果。在政府本身，宋初原本實施之節約官員的政策已悄悄被打破，公務員數量快速激增，到仁宗時期已高達兩萬多人，有人形容這數量「十倍於國初」，應該是非常客氣的說法。宋朝官員人數成長的速度極快，並不是因為政府「業務量」大增的結果，而是為了使官員之間相互牽制而不能一人獨斷，所以同一職能，卻安排職務相近的多人來共同分攤，如此一來政府機構當然人事臃腫。官員規模大量擴編，不僅使得人事支出劇增，同時在朝官員又是在地仕紳的力量延伸，因此地方豪強兼併土地的現象更日益惡化，不僅富有的仕紳集團在租稅上享有特權，而且土地兼併所排擠出來的農民無處可去，已經開始爆發小規模的民亂。但「幸運」的是，配合外

患威脅不斷加劇的推助，大量農民遂加入了軍隊，減少
了發生動亂的潛能。長期下來，宋朝軍隊的數量接連暴
增，在宋仁宗階段已經逼近一百卅萬，英宗時雖有略減，
但總數也接近一百廿萬，國家總稅收消耗於軍費之後就
所剩不多，政府每年還要給付給西夏和遼國高額的「歲
幣」，政府的財政實際上已經山窮水盡，天子眾臣坐困
愁城而莫可奈何。莫可奈何的結果，就是財政繼續不斷
惡化，到英宗的時代，眾臣最害怕的惡夢還是出現了，
因為國家的總歲出終於超過了總歲入。國庫空虛的燙手
山芋如今丟給了神宗，神宗能不焦急嗎？

　　神宗即位之後，審視前一階段的國家檔案，應當也
細讀過王安石寫過的上仁宗萬言書，再加上王安石多年
在地方為官，又曾經在度支司當過判官，應當對國家有
一定深入的瞭解，朝中大臣對王安石也表示推崇，於是
神宗決定再把王安石召回京師。同一時期，推薦王安石
的曾鞏也推薦了蘇軾，後來蘇軾也在王安石入京的同一
年到京任職，然後成為王安石的政敵。或許因為人才難
得，事實上連韓琦等後來反對王安石的人都曾向神宗推
薦過王安石，但他們萬萬也沒想到自己推薦的人，到頭
來會成為自己的批判者。為國家天下舉才是義務，但怎

樣做才算是對國家天下有利，則誰也沒有權利影響他人的想法，特別是企圖影響王安石這位「拗相公」的想法。

當時王安石人在江寧（今日南京附近），其實之前也有機會再度回到京城當個人人稱羨的朝官，但自從萬言書被束諸高閣之後，王安石有些心灰意冷，以「家貧口眾、難住京師」為由，祈求能夠繼續「在外差遣」。不過，「家貧口眾、難住京師」也確屬理由。在京城當個朝官，平日往來應酬的各種排場需要相當的花費，但奇怪的是許多薪俸並不豐渥的官員，本身在京城裡竟擁有豪宅園林，在家鄉又有大片田產；先姑且不論他們的錢是從那裡來的，但以王安石家族「內外數十口，無田園以托一日之命」，而又清廉自持的情況下，是絕對支付不起這般開銷的。

王安石在上仁宗言事書裡提到中低階官員的薪俸少得可憐，連維持「廉恥」都有困難，這話很容易讓人不解，因為我們常以為官員的俸祿理當很優厚才對。事實上宋代官員俸祿的高低差異非常懸殊，少數高層官員俸祿極高，同時其他變相補助的名目也多，中階官員的俸祿立刻就減少許多，而地方官員的俸祿之低，往往只能拿野菜雜米來糊口而已，快要餓死的甚至棄官而逃，另

謀生路。這樣的窘境，主要原因來自國家財政不足，官吏人數卻又遞增不已，能發給目前的薪水就很困難了，再加上宋代社會經濟發展的結果，各類物價上升的速度飛快，死薪水跟生活費用的差距越拉越開，此時如果個別官員的家族人口特別眾多，若單靠俸祿過活的，很快就陷入貧困。不能單靠俸祿過活，則意味著貪污與敲詐。然而基層吏治敗壞之種種現象，卻也得到朝廷官場的同情與諒解，進而形成一種文化或潛規則。相對來說，貧窮家庭苦讀出身、而且又不願貪汙的官員比較無法擺脫貧困，而來自仕紳集團的官員本身就金玉滿堂，他們根本不靠俸祿過活。

除了經濟因素之外，王安石其實也不是很想來京城，沒有把握自己的滿腔熱血會不會再度被潑冷水。不過，這回是皇帝下詔要王安石入京「越次入對」，夾帶著要王安石擔任翰林學士（負責起草詔令國書）的命令，形勢與氣氛完全不同，看似非來不可。此時的王安石已經四十七歲，雖然後人推算壽命的基準並不一致，但大概都同意四十七這個歲數已經超過宋代人民的平均壽命了，此時王安石再不來，就難保以後還有機會了。

越次入對是宋太祖趙匡胤所設計的制度，讓依照體

制皇帝無法加以召見的特定官員,可以越過尊卑次序(越次),進入皇宮與皇帝直接對話(入對)。這種制度既是一種迂迴瞭解朝政得失的管道,同時也有蒐集情報防止特定集團勢力坐大的謀算。但也正因為越次入對在本質上對於現狀、或現行政策自然存在著某種程度的針對性,所以只要出現了越次入對,皇帝身邊的執政團隊就會神經緊繃。入對可以在早朝上公開進行,這對執政團隊較為有利,因為可以光明正大得知不同的異見而準備辯護。然而,神宗卻偏不選擇公開入對,而是由少數親信人員陪同,在偏殿與王安石進行對話。此舉雖讓朝中大臣議論紛紛,但他們也並不十分擔心。

在神宗下定決心要變法改革之前,同時也在王安石下定決心要襄助神宗之前,彼此之間其實還是有一番試探,否則落花有意流水無情也總是一種無謂的浪費。宋朝開國已有百年,百年國政至今已經頹靡,如果心中沒有全盤改革計畫先成竹在胸,一般人豈敢接下這個爛攤子?王安石向來是充滿自信的,但神宗真是個堅強的後盾嗎?君臣共事,也需要先取得彼此的信任。在互動之間,神宗問了王安石一個問題,問說,我朝開國至今為什麼可以「享百年天下無事」?明明宋朝的國政幾近焦

爛，為何神宗卻幽默地問一個與事實相反的問題呢？或許朝中大臣對於時政皆歌功頌德，那麼王安石你的態度呢？對於這個看似歪扭的題目，王安石竟正式上呈一個《本朝百年無事箚子》回應給神宗。它的大意是：

　　第一大段，王安石對於前任皇帝、也是在位最久的皇帝宋仁宗褒揚備至，甚至描述仁宗過世之際「天下號慟，如喪考妣；此寬仁恭儉，出於自然，始終如一」，完全不像出自他的筆下；較諸過去，似乎多了一份謹慎。

　　不過從第二段開始，筆鋒一轉，王安石劈頭就表示宋朝「累世因循末俗」而問題已經非常嚴重。皇帝雖然有心改革，但是早晚跟在皇帝身旁一起生活的人「不過宦官女子」，皇帝看似忙於決斷公事，但這些公事說穿了其實也不過是「細故」而已，「未嘗如古大有為之君，與學士大夫討論先王之法」，一切國政皆「因任自然」，毫無精神，「上下偷懶」，名實不察，「雖有能者在職，亦無以異於庸人」等等；皇帝本人「雖儉約而民不富，雖憂勤而國不強」，幸賴外族亦有內部矛盾而無暇全力南侵，而我朝也沒有遭遇大規模水旱天災的衝擊，「故天下無事，過於百年」，最主要的原因是「獲天助也」。

　　結論則斬釘截鐵，如果陛下「知天助之不可常恃，

知人事之不可終怠,則大有為之時,正在今日」。

在公文書中,箚子比不上正式的奏章,奏章有時甚至需要密封;換言之,性質比較接近「簡便行文」的箚子應該屬於公開文件。神宗讀了《本朝百年無事箚子》之後,不免大感震撼與振奮,因為他何止想成為一個大有為之君。群臣讀了之後,也不免大感震撼與憤怒,因為他們在官場後輩王安石的筆下竟「無異於庸人」。王安石以這樣的開場白大喇喇地踏進舞台中央,一點都不客氣。

不過,讓群臣震撼與憤怒的事情才正要開始而已。神宗又問王安石「當今治國之道,當以何為先」?王安石回答「以擇術為始」。單單「術」這個字眼,就直接刺中儒家官員的大忌,他們堅持認為「術」是「法家」的招牌用語,欲以權謀計算的迂迴政策來取代「政者正也」的光明正大。在當時一般官員的認知裡,目前的政治局面乃是先王之道自然而然的結果,可能也是想像力所及的最好局面,不只根本無須用「術」,更完全沒有大規模改變的需要。第二個犯的大忌是,王安石把理財推向第一順位,「今所以未舉事者,凡以財不足故,臣以理財為方今先急」,同時又強調理財和國政其實是一

體的，因而「政事所以理財，理財乃所謂義也」。依王安石的政策邏輯，理財竟然是一種「義」，一種價值，這當然又直接衝撞了「士恥言利」的儒家傳統。不過，先秦儒家所談的「義利之辨」並不像後世儒者所詮釋得那麼狹隘，而王安石此時所講的財與義，其實是放在國家的尺度中來談的，但當時的人們似乎無法釐清個人與國家、私利與公利、個體與集體可以是兩個不同的層次；當雙方的認知架構差別甚大，對於同一問題、甚至同一概念，自然出現截然不同的解讀。理解的架構不同，溝通即很困難。

　　擇術與理財乃是王安石在「民不加賦而國用饒」大原則下改革國政的總策略，其總目標是增加社會的總生產，國用充足則是在增加社會生產之前提下的自然結果。上仁宗言事書裡所說的「因天下之利，以生天下之財；取天下之財，以供天下之費」，可以作為王安石對於所謂理財最具代表性的論述。

　　這裡先舉一個例子來說明王安石的擇術與理財。軍馬在軍隊扮演的重要角色，無論先鋒或後勤都高度依賴馬匹，同時騎兵又是西夏等國的軍事精銳，所以如何在馬匹的質量上予以抗衡，乃是宋朝本身軍力強弱的重要

因素。可惜的是，宋朝公營的養馬單位花費甚高但卻成效不彰，由於財政不足，公營養馬單位紛紛遭到裁撤以節省經費，如此當然不利於軍隊的戰力；為彌補此一軍馬的缺口，則政府又不得不補充更大量的步兵而消耗了更多軍費，陷入政策矛盾而無法開脫。王安石十分關心戰馬的生產，除了強調養育馬匹也是一門專業，負責人必須久任其官才能勝任之外，更強調必須在國家版圖的邊區尋找未開墾之草地而闢為馬場。強調未開墾之草地，是因為如此才不會傷及農民的現有耕地，同時也要專門選購「西戎之馬」且「牧之於西方，不失其土性」，才能養育出品質優良的軍馬。可是，正因為國家預算不足所以才會撤除公營馬場，現在卻要在邊地另闢馬場而購買遊牧民族的優良馬匹，錢要從那裡來？王安石觀察到河北有些地方的土壤非常肥饒，其實是很適合拿來耕作的，但目前卻任其成為草地而被政府拿來養馬，同時就這些地區的氣候和草木條件而言，馬匹其實也不容易養好，整個公營養馬政策可謂事倍而功半。因此，王安石主張這些肥沃的土地應該要停止養馬，轉而開放給農民耕作糧食，再由這些農民於此肥地上的農業生產中取得租稅，這筆收入則專款專用於西北牧場的開闢，如此

對牧馬業務與肥地農耕都有好處，這是典型的「財」政活用之「術」，國政與財政義利兼得。

中國的傳統制度中，皇帝大致都會安排學官來為他講述文史，稱為「講學」，過程中同時也有非正式的諮詢功能，迴避大殿之上明言公事可能遭遇到的尷尬。利用講學之便，神宗與王安時幾度深談，神宗的改革心意更加堅定、同時也更急切，決定把王安石拉上更高的位階來擔當重任，反而是此時已稍有人事歷練的王安石覺得可能太急了。王安石之所以感到猶豫，首先就是擔心執行新政的人才非常不足，而現任的政府官員普遍在認知和行政能力上都有待提升，新政「得其人而行之，則為大利；非其人而行之，則為大害；緩而圖之，則為大利；急而成之，則為大害」，王安石並非盲目無視眼前的改革條件尚不成熟。同時，王安石也向神宗表示此時此刻的朝廷「固已人言之可畏」了，建議自己「少安於鄙分（低階的職分），無甚累於聖時（皇上推行改革的時機也不致拖晚太久）」。事實上也正是如此，一旦發覺神宗如此破格禮遇王安石，各種不以為然的意見立刻此起彼落；「四十七歲的王安石」想要再多爭取一些準備的時間，然而此時的神宗彷彿「廿一歲的王安石」，

顯然不願意「等待聖時」；因此，堅持改革大業事不宜遲的，反而是神宗皇帝。對於提拔王安石更上層樓，基於禮貌也基於制度，神宗先探問宰相韓琦的看法。韓琦在仁宗時期是支持范仲淹改革的，而今逐漸明瞭王安石的真正想法之後，立場已有改變。韓琦表示，王安石只適合當做個翰林學士（皇帝的文書官），不足以作為輔弼君王的一級重臣。事後，神宗宣布王安石為參知政事（副宰相）。

　　傳統中國的中央政府其實並沒有正式的「宰相」職務，宰相只是通俗的職稱而已。此刻王安石正式的「職」務為諫議大夫（諫官），但是如果職務之前又加了其他的「頭銜」，例如王安石是以諫議大夫職務再官拜「參知政事」，則性質就是副宰相，日後他以禮部侍郎（掌典禮、科舉部門之副主管）的職務再加掛「同中書門下平章事」，地位就是宰相。這樣的做法各朝代大致相同，但加掛的官銜不一。當神宗宣告王安石為相之際，兩個人其實都知道自己已是過河的卒子，只能一路向前而沒有退路。後來元朝修《宋史》，對王安石變法並無好評，它巧妙地評論這一段歷史為「此雖宋氏之不幸，亦安石之不幸也」，但後面那一句看似多餘的話，好像才更有

意思。王安石的不幸,於公而言是指他此時的逆勢為政,於私而言則是他無奈地必須化友為敵。

司馬光的年齡比王安石長三歲,天資之聰明也不在王安石之下,廿歲進士及第,在各自的仕途中曾經交會共事,兩人同在宋神宗身邊擔任翰林學士時已相識十幾年,無論年齡、品德、才情、嗜好皆相當,有段時間還算是鄰居,兩人的生活也都很簡樸,也都不納妾,所以一直是非常要好的朋友。分道揚鑣的導火線發生在皇家的春祭典禮上,依照往例皇帝在祭典過後會賞賜銀兩綢緞給文武百官當作「年終獎金」,然而國庫實在空虛至極,神宗對此頗感猶豫,此一猶豫引發了王安石和司馬光在皇帝面前的一番辯論。其實司馬光和王安石一樣也贊成能省則省,但是對於國庫為何空虛,兩人的看法就相去極遠了。基本上,司馬光無法理解、也無法同意王安石的那一套「理財」理念,他相信「財有定數」,天下之財不歸官府則歸民間,總數不變,而於政府、人民二者之間互為零和,政府能節約自然會有餘存,政府多花錢就是搶民間的錢。王安石並不反對節流,但是他更看重的是「開源」,而且認為讓人民先富起來、再順勢讓政府得到稅收,這雙贏的局面本來是政府該做的事。

司馬光反駁這一論點，認為這只是政府假藉名目巧取豪奪，不只比增稅更為惡劣，而且是王安石用不正確的觀念來蒙騙神宗。這番唇槍舌戰呈現出治國之根本原則的大分歧，而神宗選擇站在王安石這邊，司馬光和王安石開始決裂，一段時間之後司馬光憤而離開中央政府，去洛陽專心寫作《資治通鑑》，用「歷史」來反擊。

　　認為王安石的改革將給國家帶來大災難，司馬光作為一名大臣而堅持自己的看法，甚至為了國家而不惜以激烈的言詞反駁自己的好友，這原本也是一件值得肯定的君子之爭，也讓後人看見傳統皇朝一樣存在著精彩的政策辯論，同時也可以看出傳統朝廷的權力結構，其實也經不起真正的政策辯論。從寫給王安石之亦公亦私的信函中可以看出司馬光的懇切直言：「介甫（王安石的字）固大賢，其失在於用心太過，自信太厚而已」。政府「其所以養民者，不過輕租稅、薄賦斂」，但王安石卻聚集「曉財利之人，使之講利；孔子曰君子喻於義，小人喻於利」，有弟子請教孔子耕種之事，「孔子猶鄙之，以為不如禮義信，況講商賈之本利乎」。司馬光素知老友王安石很喜歡老子，特別挑選老子的話「我無為而民自化，我好靜而民自正」來提醒王安石須反省自己

的做法「豈老氏之志乎」，進而譴責王安石為何「盡棄所學，而從今世淺丈夫之謀乎」？其實王安石雖然喜歡老子，這並不代表他同意老子；或者更精確地說，不代表他同意當時自謂正統的儒者所認知的老子，老子的「極簡」並非這麼簡單。不過，司馬光的說法確實可以代表當時大多數讀書人或儒官的看法。

王安石的回信，感慨自己與司馬光「游處相好之日久」，但如今箭已離弦，王安石面對好友的掀桌批判，只能說彼此「議事每不合，所操之術多異故也」，雖然王安石也想解釋清楚，但也知道此時也不可能解釋清楚，「終不蒙見察」，所以「不復一一自辨」，只能強調自己「為天下理財，不為征利」。明知反對的人很多，但王安石也直言多數「士大夫以不恤國事，同俗自媚於眾為善。」既然神宗皇帝也有變法的決心，則「某（我）不量敵之寡眾，欲出力助上以抗之，則眾何為而不洶洶然？」「如曰今日當一切不事事，守前所為而已，則非某之所敢知」。王安石與司馬光都心知肚明，兩人之間的情誼再也回不去了，「無由會晤，不任區區嚮往之至」，借書函禮貌告別。

司馬光這一邊連「淺丈夫」說都出口了，王安石也

表明不願「媚俗」，自己將不計「敵」之寡眾而「出力抗之」，今後只能公事公辦。在中國，公事公辦向來是不得已的下策，原因實在耐人尋味。雖是兩個好友之間的決裂，實則意味熙寧新政就在這樣的人事和意識形態的對峙環境下展開。

　　熙寧二年（1069 年），神宗即位的第二年，王安石開始推動大規模改革。

力排異端誰助我

第四章　經濟變法

　　宋代的經濟局面是極為特殊的，對照宋代之前、之後漫長的中國經濟歷史，宋代給人最特殊的印象就是經濟的高度發展。五代十國長期戰亂結束之後，唐朝首先出現經濟發展的有利條件，那就是中國人口的快速成長。人口持續增長的趨勢並未停歇，到宋朝開國的時候，估計全國大約有四百一十三萬戶，再約一甲子之後來到宋英宗時代，已經突破兩千萬戶，如果一戶實際人口以五人計算（當時只算男丁），總人口可能接近一億。北宋的版圖遠遠小於唐朝，但人口增加的速度又遠遠高於唐朝，一消一長，使得社會之各種生產需求與商業互動變得更加緊湊。

　　整體而言，宋代的農業生產也達到前所未見的高

峰，平原地區幾乎已經開墾殆盡而不得不轉往山陵地區開發，「梯田」一詞即始於宋代，而且已有相當的規模。農業生產需要農耕器具的協助，而宋代的農耕器具不只非常充足，更大的特色更是它的多樣化，整個耕作程序更加分化與精緻，再加上水利工程的大量興修，宋代農業生產大幅躍進，雖然農村土地兼併現象之嚴重也超越前代。然而農業生產的項目，此時也不限於糧食，經濟作物在專業化及規模上也頗有成績，特別是在南方地區，包含了茶葉、花朵、蔬菜、水果、藥材、漆樹、桑麻、甘蔗（蔗糖）等。

在手工業方面，造船、礦冶、紡織、造紙、染色、瓷器等方面的發展，無論質、量，宋朝的規模與成就都明顯超越前代，而且宋人在海船方面的建造能力在當時也是領先全世界的；汝窯和景德鎮出產的瓷器珍品，銷路遍及全國，甚至也銷售到海外。農業、手工業和其他方面製造業的突飛猛進，促使商業活動也拉高了活躍的程度，十萬人口以上的城市陸續出現之外，「鎮」的興起也構成一股擋不住的風潮。宋代陸續產生的鎮，行政地位雖在縣之下，但經濟地位卻比縣更具意義，不僅成為四方商旅的貿易中心，也順勢成為政府駐地取稅的要

地，例如當今上海的前身就是此時的通商要地青龍鎮。由於經濟發展與交易熱絡，宋代發行的銅錢就算加速鑄造竟也不敷流通之用，四川有十六個富商乾脆聯手發行紙幣「交子」來應用。國家當然無法坐視貨幣權的失守，仁宗時代就把交子的製作及發行權搶回手裡，並在全國廣設交換中心。交子以兩年為期，到期之時商民必須把手上的舊交子轉換為新交子才能繼續使用，當然這時還要繳交一筆稅，名曰紙墨費。由於商業活動如此旺盛，所以宋代和周邊國家如西夏、遼、金、朝鮮、日本、東南亞、阿拉伯、非洲東北之間貿易往來也非常密切，進出口貨品的種類與數量都很龐大；宋朝可謂當時世界上最重要的貿易國，東南沿海各國際港所徵收的交易稅也是宋代極重要的財源。由於物質和文化兩方面的高度欣欣向榮，讓費正清把「中國最偉大的時代」之頭銜捧給了宋朝，而非一般人以為的漢唐。

　　單就以上的描述，我們或許會誤以為宋代的「商品經濟」已有相當的發展；可是，當我們使用「商品經濟」這樣的概念去評價宋朝的時候，很可能犯了時代錯置的謬誤，把我們今日熟悉的市場經驗套用到將一千年前的國度。類似的情形，還包含有人認為宋代在政治上雖然

中央集權，但是對於經濟則是採取「鬆綁」的態度，只在交易法規上加以基本的約束，其他就任憑商業力量自主串連而發展茁壯。然而，無論「商品經濟」還是「經濟鬆綁」，都是過於匆促的判斷，忽略了此時的宋代在經濟活動與政治管制、社會條件各方面都是相互交纏的。

　　宋代社會經濟暢旺，即使政府從各個商業環節抽取各種稅金，宋朝的國家財政還是入不敷出。主要的黑洞，一者來自龐大而無效的常備兵，二者來自同樣越來越龐大的官僚體系。宋代官員數量之多，部分也與「恩蔭」制度有關。「恩蔭」從唐朝開始制度化，雖然當時已經存在著科舉考試，但大家還是相信高級官員的家庭教育對於子女在知識、見識及氣度上可能有著正面的影響，應該也可以是人才的合理來源之一，更何況保薦者（家長）也要背負一定的督促之責。於是，位階在五品以上的官員可以推薦自己的子弟直接獲取低階的官爵，三品以上甚至可以推薦到曾孫，但假冒虛報者則處以重刑。值得強調的是，唐代恩蔭制度的被推薦者只限於高級官員的嫡長子，因為嫡長子將來必須繼承家業，所以家族對他的栽培理當更加積極用心。宋朝追隨唐朝的做法，卻把恩蔭的範圍從嫡長子擴大到旁系子弟，而且「補蔭」的名目

更加繁多，舉凡皇帝生日、皇帝祭天、官員退休或過世都可以增補。到了仁宗階段，恩蔭的範圍又再度擴大到姻親和門客，子孫得蔭的年齡更降低到十五歲，往往一人當官而子孫親族也同受提拔。宋代科舉制度每年選拔的人數已經比唐朝更多了，但是來自恩蔭而授官的人，在宋代中期之後每年平均都遠遠超過科舉制度入仕的人數。相對的，當王安石本身已貴為宰相而向皇帝保薦人才時，他所保薦的基本上都是已經在位、而且能力受到王安石所肯定的人，同時王安石在推薦的奏摺上也會刻意強調「其人並不是臣親戚」，似乎對於恩蔭制度造成龐大冗官也不以為然。不過，相信王安石一時也不敢挑戰這個制度。需要改革的地方太多了，必須要有個先後順序，王安石是以經濟改革為最優先。

王安石的經濟改革，是在宋代政治、社會、經濟交雜運作、難分彼此的環境下，以促進生產及健全國家財政為出發點所進行的一些努力。本章雖然定位為「經濟」改革，但其實也只是個分類上的權宜。

設「置制三司條例司」

王安石變法，第一個設立的機構是置制三司條例司。

原本宋朝的財政是由中書省下的鹽鐵、度支、戶部三個司來分別掌握。這三個財政單位不僅各司其職而缺乏整合，事實上宋代政府壓根就不重視三司的功能，各地送上來的財物賬簿堆放在三司的倉庫，甚至有長達廿、卅年以前的資料，從來都沒人拆封過。在王安石看來，之前國家財政的基礎資訊其實是「內外不以相知，盈虛不以相補」，深刻懷疑國家的預算到底是怎麼編成的。不過，把財政權（一如行政權）加以打散以免權力過於集中，這本來就是宋朝立國以來的大原則，但此時宋朝面臨重大的財政難關，神宗決定改變現狀，同意王安石的建議而在三司之上再架設制置三司條例司，一方面作為三司的直接上級機構，統一掌握國家的財稅資訊並制定年度預算，而為國家的最高財政機關（類似今日的財政部）之外，更重要的功能是它也是研究變法方案的參謀本部，更是王安石將志同道合之士聚合在一起的制度性平台。

制置三司條例司成立之後，花了相當的時間檢討中央政府各項開支的必要性，編列了更為節省的合理預算。但無論消極的國家預算編列或積極的理財計畫，都必須確實掌握各地方的資訊才能夠形成完整詳實的規劃。宋代的地方制度原則上分為州、縣二級，但是為了

防止地方舊勢力的蟠踞，又特別針對各區的特性分割成十幾個「路」（例如首都開封本身即單獨一路），作為中央直接監察的轄區，多數的路下轄州、縣。中國各朝各代的地理行政劃分方式都不一樣，例如唐朝是道、州、縣，而宋代的獨特之處，在於它的路與廿世紀中國的各「省」不僅位置、面積都非常接近，而且宋朝的福建路、廣東路、廣西路、陝西路、河北路、湖南路等，連名稱都和今日相同。

在各路的行政體系中，「轉運使」負責掌管各路的財賦（名義上也是一個路的行政首長），「發轉使」則主管漕運（物流運輸）兼茶、鹽事務，神宗此時又針對義倉、市易、河渡、水利等功能增設了專門的主管，使路不只是一種直轄性質的行政區，也是國家有效汲取社會資源的一組經濟機制。為使新法方案的規劃更深入務實，王安石把三司判官、各路轉運使、發轉使等財經主管和其他相關官員組成一批非正式的「財經內閣」一起進行討論經濟議題，同時也選派八位官員分赴各路去實際瞭解農田、水利、賦稅、徭役等民情實況，作為爾後施行均輸、青苗等重大政策的依據。很快地，置制三司條例司顯現出這個機構類似參謀本部之帷幄運籌的活

力，但也立刻激起朝臣的強烈反彈。

在神宗的撐腰之下，置制三司條例司才是真正的強權機構，把中書省等原本的相權單位冷落在一邊。宰相韓琦批評這個「不奉聖旨」的獨斷單位既是財政也是立法機關，是「中書外又一中書也」，況且機構裡的人員又儘是「只知言利」之徒，更令正統儒官無法接受。當然，政治行動是不能沒有班底的，王安石是神宗的班底，而王安石當然也需要籌組他自己的班底；由於朝中元老所形成的反對勢力不可能為王安石所用，所以王安石另外招引了一些有心改革、但位階並不高的官員進入他的團隊。這一批資淺而年輕的官員，因為新政新局而一時成為神宗眼前的紅人，在官場儀式而言好似又來一次「越次入對」，而且人數規模更大，原有的大臣難免產生酸冷的感覺。

在反對置制三司條例司的大臣當中，司馬光是比較冷靜的一員。他除了批評條例司「別出新意」且「自以為功名耳」，在傳統道德上以及在權力醋意上攻擊這個機構之外，更直接命中要害地指控這個新機構完全超出宋太祖所建立的規矩，「盡變更祖宗舊法，先者後之，上者下之」，這一條罪名才是神宗所承受不起的。在連

續的激烈反對聲浪中，神宗還是硬撐了一年多，讓條例司完成它階段性任務之後，最後還是不得不宣布廢除它。皇帝，竟連增設一個政府機構的權力都沒有，這樣的事實必須納入我們後人對於傳統政治的評估之中。不過這拖延了一年多的時間是非常珍貴的，此時王安石已經站穩了領導變法的角色，而改由掌管糧食倉儲及朝官米祿的「司農寺」做為新政發號司令的機關；司農寺位階是在中書、門下、尚書三省之下的戶部之下的小單位，相當於今日行政院各部之下的一個局；廟雖小，但菩薩很大。

均輸法

北宋定都於開封，遠在宋太祖開國之初，開封就是刻意收攏前朝各國王公貴族、書生文士、巨商富賈的地方，也自有集中看管的味道。由於開封距離北方邊患地區不遠，所以數十萬軍馬也駐紮在京師，加上市場經濟漸漸發達等其他因素的因緣聚會，導致開封的人口飛快成長，若連同郊區和軍隊人口一起計算，在全盛時期竟高達 140 萬人。放眼當時的世界各大城市，人口最多的只在 30 萬左右，因此開封不僅遠遠超越漢唐的京城，更

是當時世界上規模最大、同時也是最繁華的城市，人口之眾多超過第二名甚遠。從《東京夢華錄》來看，開封甚至可說是個夢幻一般的消費天堂，是個美食的不夜城，今人閱讀開封城如同萬花筒一般繽繽紛紛的消費活動，彷彿在閱讀一座現代城市。

但是一個人口超過百萬的大城市，別說一千年前，即便在今日要保持它的日常運轉，各類物資必須像血液般不斷的輸入，源源供給並滿足皇室、政府、平民之巨大生活需求，這本身就是個大工程。為此，即連政府本身也必須相對設立龐雜的專責機構來維持各類補給的循環就位。因為開封本身不事生產，面對如此龐大人口而絕對不容一日之差遲的，就是糧食的運補。

為了配合米麥雜糧的大量輸入，位居西北的開封在城內城外設立了許多倉庫，中國東南富庶地區延伸過來的水陸運輸網路以開封為終端，再由四條運河分別穿越城區，把開封與中國東南連結在一起。況且，這一個東南至西北的特定範圍又連通著長江及其支流、大運河及各大湖泊所構成的運輸系統，造就了當時世界上人口最稠密的貿易圈。當物資經由水路進入開封城區，軍方便負責將碼頭的物資接運到特定的儲藏所，搬運工每人肩

上扛著兩只布袋，長長的搬運隊伍非常壯觀；同時由於搬運工的大批聚集，依《夢華錄》的記載，「遇有支遣（卸貨搬運），倉前成市」，各類的市場乃是開封城最普遍、而且是最典型的景觀。龐雜的物資輸入京城，必須有詳細的路線規劃，例如「民間所宰豬，必須從此（朱雀門外）入京，每日至晚，每群數萬，止十數人驅逐，無有亂行者」。城內的相國寺，中庭就可容納萬人以上，來自四方的商旅在此交易，包含貨物求售或轉售。除了偶爾出現嚴重枯水期導致水路運輸的中斷之外，由於北方在冬季時期的水陸運輸一定會遭遇冰封，所以各類民生物資還要考慮要儲存備用的問題，因此往往在立冬之前各項物資就拼命搶進京城，「於是車載馬駝，充塞道路」，「牛羊填塞道路，車尾相銜數千輛不絕，場內堆積如山」。冬季來臨前之些許的緊張氣氛，正顯示大型城市對於後勤供應的問題極為敏感。物資來到京城之後的流程管理是一個大挑戰，而物資如何由遙遠的四方來到京城之流程管理，則是另一項更大的挑戰，後者就是王安石推動均輸法的著眼之處。

　　然而，均輸法與運輸的技術無關，它乃是相關物資從四面八方，或徵收、或採購而到輸入京城，其過程如

何得以更加靈活、合理之相關的改革。此時京城各種物資（特別大宗者即為糧食）的輸入，乃是先估算京城中各級政府的年度總需求量，包含皇室、文武百官及龐大軍隊的消費量，先以各地分攤的方式取得，再透過全國水陸運輸系統將各地規定的額數運繳至京城。所謂的分攤，就是各地各種物資都有「定額」規定，不能多收也不能少收；所謂的運輸，就是各地百姓在政府的督促下、自行設法把貨物送過來。這樣的做法看似以簡馭繁，對於中央政府之辦公業務（而非考慮支出成本及交易成本）而言也最為省事。但是，它首先就必須勞動各地民力千里迢迢把貨物「上供」到京城，看在王安石眼中，這根本是一種不必要人力耗費，而且千里運輸也必然耗用百姓的大筆經費，等於是把錢丟進不具生產性的坑洞，而且對於距離開封越遙遠的人而言就越不公平。更難以理解的是，有些貨品從遠地運輸前來開封，它的運輸費可能就已接近該貨品本身的價值。

　　宋朝之現行作法過於僵硬、過於浪費之外，京城各項物資的總消費量當然也是個年年浮動的數字，政府雖有一定的預估，但也總會出現有些物資估算錯誤而不敷使用，有些物資使用不盡而囤積腐壞的情形；浪費掉的

物資，就是對人民進行不必要的徵收。同時由於各種上供物資必須在各地固有的轄區之內購足定額，當地物產豐收、物價下跌，不能多買儲備；當地物產歉收、物價上升，則又不能少買，機動靈活的富商早已知道何地何物量少而價高，早就搶先一步進行囤積，地方政府無從徵購，最後只能向當地的囤商高價收購，這又是一筆浪費。

王安石的做法，是將實物的「徵收與採購」進行更有彈性地交互運用，先挑選較為富庶的六個路先行試辦，把權力下放給六路的發運司來權衡供需，大原則是「徙貴就賤，用近易遠」。以糧食為例，「徙貴就賤」就是當甲地歉收而糧價上升時，強收各區同等數量的米麥，等於剝奪當地居民可以賺取更多利益的機會，所以此時將甲地之糧食徵收改變為收取一定的折算金，再拿這筆折算金到糧食相對豐收而糧價較低的乙地使用，除了徵收乙地原本規劃的糧食數量，再以折算金購買先前甲地的糧食額度，則總量同樣「以足年額」之外，也保持豐收地區乙地的糧價不致過度下跌。如果所有地區的糧產價格大致相當，則以較遠的地區出折算金，讓政府拿遠地的折算金加購較近地區的糧食，省下遠地運輸的時間與人力成本，這就是「用近易遠」。

　　不過這套做法需要一個大前提，那就是對於京城各類需求及庫藏數量，以及地方物資的豐欠情形，作為各路水路運輸總管及財經總管的發運使都必須擁有核實瞭解的權力，特別必須建立發運使與三司、政府採購部門之間的制度性協調連繫管道，如此才可以發揮「從便」之靈活調度的能力。

　　這裡並不是說，在神宗之前的宋政府並沒有以採購的方式填補京城的需求，而是說它一方面並沒有像王安石這樣機動調整政府的採購面，二方面是各項需求如果沒有較為精確的統計，則政府一時誤判的大量採購，或者造成浪費，或者甚至刺激採購地區的糧食大漲而造成該地區人民的傷害。不過，京城開封所採購的也不全然是糧食，還包含「百貨」，這就和各地特定商人的利益有瓜葛了。無論如何，均輸法推動了一套全新的作法，其核心的關鍵就在於採購的方式不能僵硬，分寸的拿捏要「均」，均的意思就是使政府的採購注入些許市場精神，既能讓政府可以買到價廉額足的糧食百貨，同時也增加財政支出的效率。為了要達成這樣的使命，六路的發運使就成了靈魂人物；不只發運司要增加機關人力，而且發運使更可以先得到神宗撥給一筆額度不小的專款

來讓他調度，跟變法之前發運使只專管漕運業務、甚至一度考慮要廢除這個閒職相比，實質權力已不可同日而語。

國家財政匱乏到年終獎金都發不出來，神宗卻又為均輸法而額外撥款，此舉讓群臣大感不解，例如蘇軾就質疑均輸撥款「此錢一出，恐不可復」。在蘇軾及當時大部分朝臣的理解上，金錢不是「存起來」就是「用掉」，沒有其他的可能。但是此時的神宗並不是把均輸錢給「用掉」，而是「出借」這筆錢給發運使，同時也許可發運使於每年可以截留一小部分的折算金，這兩筆錢就是發運使每年可以拿來採買上供貨物的「基金」或「週轉金」；當甲地折算金尚未收齊而又須於乙地及時購糧，在這個時間差的空檔，這筆基金就是先行支付乙地購糧所需的周轉金，等甲地折算金收齊之後再「還給」基金。如遇某些物資的保存具有持久性，發運使還可以在它價格低廉之時先行大量採購，儲存供來年使用，也等於先「預支」了來年的預算，作法上與僵硬的舊規完全不同。由於京城糧食的輸入用途可分為年度消費與部分儲藏備急，當均輸制度漸漸出現調度的把握，京師倉儲原有的備急庫米甚至可以倒流賣給米價稍貴的地區，發揮平抑

物價的功能。

均輸法的施行，當然需要時間與經驗之不斷累積才能夠更加圓熟，許多米糧和百貨於何時、何地之採購，取捨為難之時還是得提到神宗面前來討論，畢竟它仍是屬於政府的採購行為。同時均輸法要能夠靈活轉移，各地各類物價的調查更不可馬虎。之後沈括擔任三司使的期間，還仿照唐朝理財專家劉晏的做法；據說劉晏「數百里外物價高下即日知之」，而沈括則改良出他自己的一套方法，將地方物資十幾年來的價格變化做個長期統計，每年進行採購的固定時間一到，不必等待公文核定（公文往返之後價格又不一樣了），而是設計成五等級的價格與數量體系，以對應於政府所採取行動，讓最便宜的物資在縣級立刻就能主動進行最大宗的採購，充分流露出科學家的精密性格。

均輸法從條例司一提出來，就遭到許多大臣及諫官的連番反對。可惜的是，反對者不知道是什麼原因，竟然眾口一詞地將均輸法看成由國家扮演商人的角色，發揮直接進場「買賤賣貴」的商業行為，認為這等於是國家與「民」爭利；同樣的，這裡指的民也並非升斗小民，而其實是指「漁奪商人毫末之利」之「商民」，一如蘇

軾的批評「虧商稅而取均輸之利」。蘇軾的弟弟蘇轍也批評均輸法是「法術不正，吏緣為奸」，「不與商賈爭利者，未之聞也」；蘇轍一開始「不小心」站在王安石這邊，置制三司條例司的設立過程中蘇轍也貢獻過不少意見，後來趕快改變立場。

　　眾多反對的論述，除了反映出朝中大臣對於「法家」治術近乎本能反應一般的敏感疑慮，以及對於現金週轉概念之難以想像之外，還包括對於「事實」之可疑的誤讀。依據王安石與大臣之間的辯論，許多時候是王安石反復向眾臣解釋他們所反對、如漢武時桑弘羊之「買賤賣貴」政策（大部份上貢物品運往高價地區出售）確實是政府進場搶錢以解決國家財政危難的緊急（但事實上也很有效的）作法，然而桑弘羊的作法是「平準」法，而非均輸法，嚴重忽視了均輸法的重點是在不加稅的前提下，就國家之既有預算，進行最有利的採購；重點在買，而不是賣。王安石變法而實際有著「平準」作用的是三年後的市易法，而此時推出的均輸法雖有公開完整的政策白皮書，但高級文官們仍能以一己想像中的政策而侃侃抨擊，實為極有趣而值得深思的現象，好似「五穀不分」乃讀書人的「美德」一般。所幸，神宗本人是

個肯做功課的皇帝，才能在眾多大臣義正辭嚴拋出的「假議題」之處，保持冷靜與決斷。多位大臣輪番轟擊均輸法，神宗與王安石則獨排眾議，結果當然是堅持反對新法的朝臣遭到神宗貶官，這本來就是行政倫理與主政責任之自然結果，否則政府即非政府了。但是當雙方都堅持唯獨自己站在真理的一邊時，遭到皇帝貶官的一方，其擁抱「真理」的信念則又因為自己的「受難」而頓時變得更加神聖，再加上反對新法的大臣都是文筆功力很強的文人，語言之過度意義的政治作用，或者文墨政治（politics of rhetoric）影響中國何止千年。不過當初反對均輸法而被貶官的人，後來慢慢搞清楚狀況之後，就再沒有人拿「買賤賣貴」來追打這項政策，而是把批評的焦點放在執行面。

　　不過，許多大臣反對均輸法的理由包含了「漁奪商人毫末之利」，這一點倒是值得進一步討論。均輸法的白皮書坦言過去政府採購方式的粗糙呆版，「百用之物，多求於不產，貴於非時，富商大賈因得乘公私之急，以擅輕重斂散（屯積壟斷高價出售）之權」，而均輸法的實施或許可以「稍收」商人壟斷市場操縱物價的力量。王安石把政府採購給正規化、合理化與精算化，也把另

一件事情給逼上檯面，這件事情就是強調「士恥言利」的反對派大臣們此時竟然集體地為商人的利益辯護，這也是非常值得玩味的現象。

自古以來，商人在傳統中國的地位是很低的，王安石之被惡喻為漢代的桑弘羊，正因為桑弘羊本身就是個商人，並非正統儒官出身。到了隋唐時代，商人及其子弟仍然不得參加科舉考試，也就是不得入朝為官，仍屬壓抑商人的階段。宋代一開始也是如此，但不久就開放了。也就是說，宋代商人的地位其實漸漸攀升到中國千年以來一個高點，不只可以走科舉之路而入仕為官，更隨著宋代專賣制度的推動以及各級政府跟各業行會之間的制度性交涉，政府、商人、仕紳三者之間的關係也開始彼此鑲嵌，這樣的鑲嵌則同時產生不同的結果。如王安石所觀察，大小政府官員「未有不兼農商之利」者，這是故事的一部份；但或許正由於官商彼此鑲嵌，商人的「奇才異行」也開始得到正視甚至欣賞，商業知識本身之價值也才漸漸受到暗暗的重視，或者受到王安石等人光明正大地重視。因此王安石變法之所以敲鑼打鼓強調理財，其實也並非他個人的特立獨行，而應有其宋代社會變遷的通盤基礎。

　　王安石推動均輸法的過程，非常倚賴幾位得力的助手，例如薛向等人，他形容薛向「幹局絕人，尤善商財，計算無遺策，用心至到」，而薛向本人即來自經商家族。發運使許元也深受重視，但王安石在神宗面前讚美許元之時，也感慨新政「要在揀擇能吏以為發運而已」。「揀擇能吏」四個字透露出當時的新政是如此依賴既有心、也有能力的個別執行者，因為支持新政的制度後勤基礎此時並不存在。「新人」新政，執行新法的新人自有質、量兩方面的要求，但量的考慮可能永遠走在質的前面。體諒新法的推動需要足夠的人力，神宗甚至以「若委以事，而制於朝廷，是教玉人雕琢也」為喻，破例同意薛向、許元等自行招募人才以充實其財政團隊，可見神宗力挺新政到何等程度，因為財政改革之成敗深深關係到宋朝之命脈。

　　然而理財終究也不是簡單的計算問題，它牽涉到非常廣範的資訊能否及時互通，以及主事者對於資訊之取得是否積極、判斷是否合理，以及理財之權是否用於正途等，這又牽涉到「人」的素質問題。雖有政策白皮書，但執行之後牽涉到的問題則越見複雜。事實上在神宗主政階段就已出現折算金計算過高而傷害農民之事，神宗

之後的時代又陸續出現理財官員自行將基金截留挪用而竟虧本之事，也有官員利用均輸業務之便自行「寵貨取息」。缺乏真正徹底、環環相扣的運轉及監督制度，而又無法得到「能吏」，均輸法後來雖然沒有被正式罷廢（一部分功能被後來的市易法取代），但實質功能也在人亡政息之後江河日下。

青苗法

　　青苗是指新插的青綠秧苗。彎腰播種的季節，距離黃穀收成還有相當時日，較為貧窮的農家在這一段「青黃不接」的日子，由於將來的收入還沒進帳，而眼前的日子又過不下去的時候，經常會向、也只能向當地富有的地主借貸過日（連當鋪也是有錢人開的），利息很高。農民若熬得過去，收成之後償還借款而仍有餘錢繼續生活則還好。但如果償還借款之後竟又所剩不多，則不久之後不僅還得再度舉債過日，有時甚至連下一季的收成算進去也不夠還債，或者連再次耕作所需的青苗也買不起；農夫以田為生產工具，當農夫連下田繼續生產的機會都沒有，此時空有田地也無濟於事，除了將農田賣給富有的地主之外似乎也別無出路。「穀未登場，帛未下

機，已非所有」（蘇洵），這就是農村土地兼併現象的邏輯循環；蘇軾當官之初也非常了解「夫鬻（賣）田者，必窮迫之人，而所從鬻者，必富厚有餘之家；富者恃其有餘而邀之，貧者迫於飢寒而欲其速售」。不過，瞭解問題並不太難，解決無方才真正頭痛。宋朝官員對此現象皆束手無策，而今的青苗法就是要挺身面對這個長期無解的難題。

　　包含宋代在內的許多朝代都設有「廣惠倉」，以備用的糧食救濟老幼貧疾或災民，同時也設有「常平倉」，當市場糧價低賤時，政府就提高價錢向農民收購糧食以穩住糧價，購足常平倉之本錢所能購買的量，先予儲備；當市場糧價上漲時，政府就以自身的本錢為底線，出售自己儲備的糧食以平抑糧價。調濟的制度原本就存在於政府機制中，只看主政者是否願意認真落實而已。宋代兩倉的功能非但沒有落實，而且買賣糧食的本錢也經常被挪移充補軍費。宋朝中央政府完全沒有多餘的預算，王安石只能運用兩倉本身僅存的備糧和有限經費作為青苗法的本錢，來逐步「養活」青苗法本身。

　　青苗法的執行單位是最基層的縣，在農人互保的要求下，縣政府在春、秋兩季或者先借糧食給自耕農，或

者貸款給自耕農，讓農人不必向富農借高利貸而可以維持生活及繼續保持生產，半年之後米穀收成，農民加利息兩分（20%）歸還給縣政府。青苗法的出發點，原是以政府的低利貸來抵制富紳的高利貸，連司馬光其實也能體諒王安石的動機「本以兼并之家放債取利，侵漁細民，故設此法。」

不過，農民的借貸也依農戶人口、土地的條件而各有額度上的限制，避免超越農戶自身的償還能力。借貸的糧食，取自政府本來就設有的應急糧倉；實施青苗法之時，幸運地宋朝已多年未遇大規模天災，這些積糧尚未動用，王安石此刻推動青苗法的時機不錯。貸款的部分原本來自政府撥給兩倉的錢，若實施順利，農民歸還政府時所加付的利錢也滾進來，這兩筆錢（政府的本錢加農民的利息）就是政府於下一季再行貸款給農民的基金（通稱青苗錢），使青苗法自己養活自己。

政府貸予青苗錢而取薄利的做法，即便不是中央政府的政策，唐朝的地方政府已見零星的實施，宋仁宗時的陝西轉運使以及王安石本人在鄞縣當縣長，也都曾進行效果不錯的實驗，事實上「偷偷」實施類似青苗法的地方官也不只王安石一人。某個角度而言，青苗法其實

也並不複雜，由國家扮演準銀行的角色而已；只是，它過去是有心的地方官以其行政權力來斟酌進行，然而此刻則是在六個路普遍推動。個別的地方父母官如果不在意和富農仕紳打成一片，執意推動青苗法而有所「得罪」，仕紳其實也無可奈何。但如今青苗法以統一政策的姿態大規模從上而下，廣大地主的利益普遍遭到限制，各地的抱怨串成聲勢，青苗法馬上遭遇朝廷內外一致的強烈反對。其中，有人主張青苗法根本無法打擊到富紳，充其量只讓富紳少取一些，而「多取與少取，猶五十步與百步」，這些青苗法的反對者連五十步與百步的改進都嫌麻煩，但其實也反映出地方官抱怨新政等於是自找麻煩之普遍心態。然而青苗法的目標本來就不在「消滅」地方豪強，而是補強中下農民自立生存的條件，保護社會民生經濟的根基。然而更典型的批評，在於王安石動不動就訴諸先王之道來談理財，此事在諸多大臣眼中卻是「汙衊聖典」，決定把反對的層次拉高。例如，蘇軾就強調放青苗錢取二分息「而不謂之放債取利可乎？」如此一來，從事「放債取息」的政府在人民眼中將形象大壞，因為「天下以為貪」也，根本反對放貸乃是政府正當的功能。當然，批評的焦點也可以放在政策

的後果，例如蘇軾也指出「小民無知，不計後患」，有些人拿了青苗錢就去花天酒地，「食酒浮費，取快一時」，欠了一屁股債之後只好賣田還債，反而是害了他；原屬於個人的責任，政府也該連帶負責。總之這一類的批評，似乎都不屬於政策邏輯本身的論辯。

大臣連番重砲轟擊青苗法，而神宗不為所動，結果宰相韓琦等人被貶離中央政府。不過，這當中仍以司馬光的批評相對看來是較合理的，因為他提醒的是青苗法在執行上的負面後果，而且他是順著政策目標來看。政府放貸，規定取息兩分，但基層人員的取息是否真的僅有兩分？對此，朝廷本身似無有效的監督機制，因此有些縣官甚至取息到四分，農民反而不堪負荷。再者，因為青苗法的本質並非濟貧政策，而是維持農民基本的永續生產力，所以青苗法的放貸對象原應限於自耕農；但有些縣官弄不清楚政策的目標或本意，不只以強迫貸款的方式來衝高業績，而且依司馬光的發現，有些地方的糧食與貸款竟「散與饑民」，如此一來，你要饑民拿什麼東西來還？而且當一個地區米價轉貴之際，同樣利息比例的償還米穀其實等於取得更多價值。以上種種不合理的現象加起來，司馬光認為政府的危害反而要超過「兼

併之家」。

　　事實上，取息兩分對於中下農家是否負擔過重，這本來就是個值得討論的議題，雖然兩分利也是宋代其他類似政策的傳統額度。當中農、貧農申請借貸時，然而許多縣官害怕半年之後無法如數收回本息，又擔心自己交不出新政的績效，所以乾脆以強制的手段分派中等以上的富農也辦理借貸，因而青苗法對中上農家確實等於擾民與加稅。同時，當縣官面臨本息無法收回的困擾時，往往又以強烈的手段剝奪農民的作物以為抵償，政策後果完全走樣。所以青苗法實施之後，中央政府還是得不斷下令糾正地方官的執行偏差，無奈中央政令鞭長莫及，對於「天高皇帝遠」的地方政府而言，來自中央的影響仍是遲緩的。不過，雖然在執行上發生以上的種種問題，但相當多數的中下農民確實也因青苗法而受惠，受惠而生計舒緩者對於青苗法的感謝也十分強烈。

　　然而問題猶在，為何中央的政策走到地方竟會如此的扭曲？這與其說是王安石的問題，不如說是王安石的時代的問題。在系統上屬於反對新法的集團，他們在縣級的人馬故意作出不宜的動作而使農民痛恨新政，這也是不容否認的事實，但這並非本書探討的重點。若先排

除地方縣官的派系歸屬與個人恩怨，純就「一縣很小、天下很大」的角度來看，王安石當初可以縣長的身分在小範圍裡實現他的理想，但此時的中央政府卻無法有效督導天下各縣長的作為，一如王安石自己在鄞縣的放貸作為也沒有受到中央干涉一樣，這實在是因為當時的中央政府並不具備充份指揮、督導地方政府的普遍能力。在這裡，我們姑且可以視之為政府行政是否具備「科層體制」之問題。

望文生義，科層體制是指政府合理分工而又能層層管制，同時層層管制的標準並非依賴某些含糊的價值（例如仁政、安民），而是以健全的法律體系和行政規定作為「對事不對人」的依據，地方官的行政裁量權是在法規授權的範圍裡才有狹窄的自由空間。因此，科層體制的建立需要詳盡配套的法規系統，而包含有效獎懲之完整的法規體系也不是政府帶頭立法這麼單純，它往往是政府、經濟市場、資訊、契約等多方面公、私事務相互要求而共同提升的結果，也是一種水漲船高的互為刺激的長期發展過程，這也是為什麼科層體制在西方社會也是要等到十八世紀之後才陸續夠格，而與西方之傳統的政府行政有著「質」上的不同。現代國家藉由科層體制的層

層監看，中央對地方才能如臂使指；若缺乏健全的科層體制，嚴格說起來，國家可謂只有政治而沒有行政。政治缺乏行政後勤的周詳支援，新法的命運其實早已註定。

宋人已批評王安石「理想過高」而斷定其改革政策之「不可行」，這一點雖然可以就現代科層體制的發展脈絡來理解，但「人在此山中、雲深不知處」，當時的宋人不一定能瞭解政府整體行政能力問題的關鍵性，所以只能就傳統意識形態來借題發揮。就某種角度而言，當政府的實質管理能力只堪進行最少的、最起碼的功能時，則任何超越這個限度的努力，都可能帶來額外的麻煩甚至災難；越是積極有為，後果越難收拾，因為成事的條件追不上來。如此一來，傳統意識型態或較為保守的施政原則，好像也有其契應時代的合理性，但它的代價是國家與人民繼續「架漏過時、牽補度日」（南宋陳亮）而已。

農田水利法

農田需要用水，北方農作物的栽培又特別依賴有限的地下水及河流水。中國興修水利的歷史起源甚早，最典型的做法就是引（河）水灌溉，江南地區比較容易有

成效。雖然如此，北宋到仁宗之時全國許多河川已經漸漸淤塞，灌溉用的儲水湖泊越來越淺，旱災來臨時農業減產，大雨來時又因為堤防失修而形成水災，農田表土流失之後也會影響產能。過去發生水患的地方，如果積水又未能有效排除，一段時間之後原本的農田成了沼澤，最後也不得不放棄農耕。由於這些現象都是老問題，因此農田水利法事實上也不能算是個「新」法，不過是政府運用公權力積極領導各地興修水利、修築堤防而已。不過，農田水利法仍然算是新法，因為它在方法與態度上與過去大不相同。

部份高層官員仍然反對進行水利工程的興修，認為政府一有作為即是擾民，例如宰相文彥博即主張「要豐財，安百姓，須省事。如漳河累年不開，何所妨？漳河不在東邊，即在西邊（洪水就算不淹東邊，也會淹西邊），利害一也」，在態度上消極而宿命。「政簡」刑輕，仍是許多官員所奉行的信念，而重文輕武的雅致文化，讓中央到地方的官員更重視的是園林造景（文），而非挖泥開圳（武）。

不過，反對政府帶頭興修水利，背後也是有其現實考量的。由於國家的財政口袋早已見底，而農田水利又

是公益工程，完工之後不僅增加農民的生產，而且是灌溉區內所有的農民都一體受惠，所以工程經費必須由區內農民按戶等高下出分別出錢出力，拒絕提供工料者會遭到處罰。因此一開始的時候，一般農民對於要拿錢出來做水利工程，心態上是抗拒的，地方士紳更是如此，因此許多官員認為政府儘可能不要去進行這種吃力不討好的任務。

　　中國北方的性質要比南方辛苦。有些地方其實並不適於農耕，但是由於宋代人口伴隨糧食需求逐年增加，如何把不具生產力的貧瘠農田改良成為良田，其實是中國農業的傳統課題。其中有一個老辦法，就是把黃河等泥沙較厚的河川加以導引，使大量泥沙先覆蓋、淤積在原先的貧田或荒地上，把它澆泥成為沃土之後，貧田就可以改良為良田而加入農業生產或提高產量。另外一個反方向的做法是，把已經積水不退而沼澤地，設法將水排出之後，使沼澤地還原成為耕地。但無論那一種作法，都需要水利工程的介入，而且這些工程也都不是少數農民單槍匹馬做得來的，它需要集體的行動才能大規模建功。中國歷朝歷代其實都在進行這樣的工作，只是零星分散、規模有限而已。置制三司條例司在推動本案之前，

派遣八位要員分赴全國各路進行考察，幾經準備之後，在神宗的支持下，王安石在 1069 年頒行了《農田利害條約》而於全國各路普遍推動農田水利法，這是中國歷史上第一次由中央政府頒布農田水利方面的全國性法規，同時以全國之規模動員起來。為了確保政策目標的達成，全國各路也增設了農田水利官，當作一件專案來推動。

有趣的是，實施農田水利法的第一個動作，竟是招募人才。無論官員還是平民百姓，如果對於農耕技術及興修水利工程有經驗、有想法的人，或者對於土地特性及耕種方式有合理見解者，都可以直接將意見報與各級政府，經過審查，這些意見如果落實執行而確實能夠提高生產，則立即給予獎勵。換言之，各地實施農田水利法的第一階段都是各方、各種意見的陳述與彙整，然後才進入按部施工的階段。如果一些興革意見牽涉的範圍較廣，不能由單一地方政府來實行，則報請朝廷協調共同處理。更值得注意的是，如果較大的工程而確實帶來較大的利益，提供意見的人就能得到較大的獎勵，也可以立刻被錄用為政府官員。傳統中國社會中，人民積極討論公共政策之事極為罕見，但是在農田水利法的激勵氣氛下，全國竟一時形成「四方爭言農田水利」的討論

熱潮。

　　在程序上，各州縣先將轄區的荒田、可以引水疏濬的工程、何處可以興建水塘堤岸等等，加以詳細調查並要求繪製成圖，同時具體說明相關的工程必須如何辦理及提出工料預估，形成完整的企劃書之後才能報准動工，工程案的決定過程非常嚴謹，這是農田水利法後來獲得較大成功的原因之一。

　　農田水利法乃是藉民力民財來造福民生，政府扮演規劃及監督之積極行政角色。如果地方的財力實在湊不出來，政府也可以拿（原本用於青苗法的）青苗錢來貸款給當地人民，但這時政府只取息一分，而且此時收取的利息就等於某種地方稅，專門留在地方用於水利建設。萬一連政府也拿不出錢來貸給地方人民，政府必要時也允許當地的富有之家收取利息而提出貸款，由政府加以專案監督；倘若富人若能捐資興修水利，則政府另外安排大小不等的獎勵，等於現代政府的各種獎勵投資方案。標準作業程序明確，獎勵政策彈性多元，這是農田水利法的一大特色。為了使這套作法可以產生更強的推動力，政府還單獨對於主事的官員給予非常明確的賞罰，新增灌溉面積在千頃、五百頃、和三百頃以上者，

獎勵也各有不同，形同對公務員發給「績效獎金」，這也是令人耳目一新的做法。

農田水利法頗能表現出王安石的理財構想，一方面是利用天下之財創造天下之利，而另一方面是，國用不足並不能靠提高稅收來填補，而是要積極發展經濟，長期培養社會的稅基。就宋代的農村而言，經濟發展之路就是提高生產。新法頒布施行七年之後，全國興修水利工程 1 萬 7 千多處，收益民田達 3 千 6 百多萬畝，收效不能不算宏大。其中少部分由政府出力開發出來的新淤田則開放給農民佃耕，但這些新田的收租則專供軍糧使用，多少也減去一些軍事支出，只不過這些主要河流附近新開發的淤田，其實也附帶有滯洪的作用。基本上農田水利法一直沿用到南宋，算是王安石比較長壽的改革之一。

免（募）役法

減輕人民的「勞役」和「稅賦」，是中國自孔孟以來的政治理想；之所以是理想，就是因為做不到。王安石的免役法，則是針對勞役（也就是強制人民提供勞動）而來。

　　傳統國家不具備、也養不起可以執行所有公共建設和全部政府業務的大量公務員，同時當時的社會也沒有承攬公共事務的專業團體，傳統國家也不曾出現與專業社會團體進行契約合作的構想，這是時代的侷限使然，因此許多事情就不得不使用最原始、最簡單的方式「強制勞動」來進；舉凡修橋、鋪路、築城、修宮室、水利、防洪、各種搬運、國營工廠的工作、充軍，以及其他官府差遣等等多不勝數的勞務，都屬於人民的勞動「義務」，但士大夫階層則不在勞役範圍內。在完全不具工業化的條件下，如果缺乏大量人力的普遍動員，農業社會基本生活環境的創建與維持是不能想像的；但有時在繁重的勞役下，農民甚至連下田耕作的時間都沒有，所以「不違農時」也就成為完糧納稅之餘又不得不驅使人民提供免費勞動力的「仁政」原則，但這也意謂著「公共」勞役往往和「個人」生活之間有可能發生衝突。

　　宋代一般人民的勞役可以分為兩種類型，第一種類型是圍繞著地方政府的運作而構成，稱為職役，動員人民分擔一定的「公務」，例如負責官府的財物與管理、督導徵稅業務、當村里幹事查戶口、負責治安或緝捕盜匪、傳達公文書等等，連衙門兩旁執板喊威的也不是正

規公務員，而是召來的差役。第二種則是各種雜役，包含修路、治水、建官（私）宅以及其他臨時性的調差。第一種勞役是全年無休，幾乎等於是無償職業，第二種雜役則儘可能利用農閒時間來做。雖然以上這些任務都需要人力來完成，但是人力的調差也考慮民家的個別差異與負擔輕重，因此宋代把天下百姓依其家戶資產分為貧富九等，專由一至四等較富有的民家提供人力擔任職役，因為職役工作比較「體面」。

職役當中最重要的，也最令人頭痛的就是地方衙門裡的庶務管理工作（稱為「衙前」），它只許可第一、二等之上等人家來擔任，內容包含各類倉庫的管理、官方物件的押運之外，也要參加官員送往迎來的隊伍，單單一個地方衙門所需的衙前人力就可能超過百人。但是地方政府的公物，不一定在登記制度上都很健全，萬一遇上物件短少或損壞，管理者要負責賠償，心理壓力甚大。由於直接處在官吏的督責之下，而且地方官吏的薪俸又少得可憐，因此官員對於衙前的挑剔與指責，往往也只是欺壓敲詐勒索的前戲，因此衙前人家的「私產」往往就很輕易地成為「公產」，二者之間的界線甚為曖昧。當村里長的也不輕鬆，一方面督導稅收本來就是得

罪人的工作，若被指責過於寬鬆，村里長本身甚至要出錢補足稅收差額。這一類的公務差役，形成中上等人家的重大負擔，甚至造成宋朝社會產生「貧戶不敢求富」的怪現象，一如仁宗時期的司馬光所觀察，農民不敢「多種一桑、多置一牛」，「無人敢益田疇」等，害怕資產提高（或「被認為」提高）了一等，就會被抽調去擔任上述這些吃力不討好的職役。其後果是，全國農村的生產總額就算能夠提高，也不敢提高，如此一來這也等於國家財稅的短收，社會生產與國家稅收兩敗俱傷。由於擔任職役就要有破財消災的心理準備，因此為了逃避這個災難，許多家庭乾脆提早分家以降低等級，甚而以自殺來逃避徵調，至少還可以把家產保留給兒女。如果一個縣裡的上等戶為數較多，則可能十數年才輪到一次擔任職役，但上等戶數相對較少者，可能五、六年就要痛苦一次。因此蘇軾以親身的經驗也同意「民之所畏者，莫若衙前之役」。

然而在實際的運作上，第一、二等戶本身即較為富有，而且地方士紳與官府的關係也非比尋常，所以經常可以出錢向寺廟購買度牒（政府為管理僧道所發給的出家證明書），假裝自己是出家人而逃避差役，或者買通

地方官員任由三、四等戶、甚至更次等戶的人來承擔職役的風險，但是越是次等戶，事實上就越承擔不起這樣的風險，所以往往一賠就是傾家蕩產，自然怨聲載道。至於其他的雜役，當然是由更次等的貧戶來包辦，一旦雜役過重或過度頻繁而影響了農業生產，有些貧民乾脆棄田逃走，反正有田無法耕作也等於無田。宋代的勞役過度干擾一般人的正常生活，引發普遍的不滿。事實上在仁宗、英宗兩朝，許多大臣早已不斷上書痛陳勞役的弊害，但也止於痛陳弊害而已；國家重臣誰也拿不出辦法，皇帝一人又能如何？

　　王安石對勞役的改革並非無風起浪，而改革辦法也更非空穴來風；當時宋代民間社會已經出現由出錢「雇（募）役」取代奉命「差役」的呼聲，但眾臣之中「好像」也只有王安石聽見。經過整整兩年的規劃，王安石於 1071 年推出免役法，原本必須服職役的人家，依據戶等的高低按比例出一筆「免役錢」之後，家戶中的人員就不再親自服役，斷絕地方政府與上等戶之間的勞役義務關係。政府拿這筆錢（近似已接近累進稅）來雇請有需要工作的人民來從事，也等於創造就業機會。至於免役錢該收多少則沒有定數，由地方政府推算工作量來決

定。此外，原本就不在服勞役範圍的士大夫或官戶人家、城市居民、田產甚豐的僧道戶以及當初落在勞役之外的各種大戶，基於共同分擔原則，這時也需要出一筆「助役錢」投入政府雇請工作人員的本錢，所以連其他雜役的部分也不再強徵充役而改為雇人上工，如此一來不只可以維持中下農事生產的不致中斷，而且又可以運用不算高的薪資來維持最下層貧民的暫時就業。

就某種角度而言，政府掌握就業機會的分派，既是一種社會控制也是一種社會福利。免役法的重大精神在於，自古以來「役」的被動內涵，此時似乎往自立自足之「職」的方向移動，而且出現了以工代賑的可能，這才是較為深層的、而不為時人注意到之政策思想的變化。免役錢和助役錢扣除募役者的薪俸之後，結餘的錢則留作荒年賑災之用。

「今一旦變之，家至戶到，均平如一」，王安石認為每家每戶對於國家應該都有貢獻，這才符合平等的精神。但免役法的衝擊與反彈，首先來是助役錢的部分，因為原本享有免役特權的人家如今也必須拿出錢來贊助。當然，免役法也遭到鄉村地主及至朝中官僚的強烈反對。這時的蘇軾也反對王安石的免役法，他使用的理

由是「自古」鄉村農民從事勞役，「猶食之必用五穀、行地之必用牛馬」，以此「食用五穀、行用牛馬」之異類邏輯比喻來作為勞役「必用鄉人」的論據，甚至認為「從官於四方者，宣樂之餘，亦欲聚樂」，實施免役法後原來伺候士大夫的廚藝好手都走了，萬一現有的費用雇不到在地好廚師，則士大夫的聚餐場面就會顯得窮酸，「恐非太平之盛觀也」。從蘇軾的文字中，我們才發現原來地方勞役的「公務」範圍竟也包含擔任官員的專屬廚師，至於其他不見於文獻的勞役內容更難以想像了。此外，司馬光更直接認定拿錢「受雇者，皆浮浪之人，使之守官物，則必侵盜，使之幹集公事，則必為姦」，這一連串的「必」，使人不免懷疑宋代「太平盛觀」的社會道德基礎竟如此不堪。

不過，如同王安石其他的新法，免役法真正的難題其實在於地方政府如何估算免役錢，以及地方政府對於免役錢、助役錢的運用是否合理，這裡衍生出來的監督問題（例如有些地方官收了免役錢但仍然實施勞役），根本超過宋代中央政府的管控能力。助役錢的部分也有難處，事實上城市居民助役錢的徵取，是將其資產區分為十等而來，等級較低的貧戶不必出錢，而且可以成為

領取薪俸的工作者。但城市居民的資產分等真的詳實嗎？之前，都市居民本來就有資產分等的資料，但王安石其實也心裡有數，這些城市居民的相關資料和鄉村田產的相關資料一樣虛多實少，因此王安石乾脆利用這次實施免役法的機會，律定都市三年、鄉村五年為期，對於居民的資產狀況重新進行調查一遍，清查之後人民的戶等則有升有降。西方社會在十九世紀產生了現代福利國家，然而福利國家的前提即是「行政國家」，資產調查的行政能力要求很高。可是，傳統國家並不具備這麼細膩的行政執行能力；神宗和王安石雖也注意到資產調查的必要性和重要性，但以當時政府的能力是否真能詳實調查，則不為人知了。

　　哲宗繼位後，在司馬光的堅持下免役法被廢止了，恢復過去的勞役制度；但這時連司馬光陣營的自己人都不以為然，認為司馬光矯枉過正。之後由於新舊黨派的惡鬥，雇役、勞役一改再改而此興彼廢，其實不過意氣之爭，與王安石改革政策之深廣內涵已無關聯。

方田均稅法

宋代農村的稅賦制度通稱為「兩稅」，是因政府在夏季、秋季各徵集一次而得名，原則上直接繳納現金，有時則改收等值的稅物。例如基於戰敗之後的賠償條件，宋代往往要向西夏、遼國和金國「輸送」出許多布料，則此時布料就成為交納的重點項目。就算不是因為戰爭，平常時期的絲綢需求量也很大，但原則上稅物的繳納以夏季為主，稅金的徵收則以秋季為主。

宋朝之前的歷史階段是五代十國，戰亂頻繁的社會不可能存在精確的戶籍與地籍，而宋朝立國之後基本上對於農村也採取放牛吃草的態度，各縣級政府雖然握有人口及土地資料等檔案，但大多殘缺不全也無意修補。農村稅賦的徵收若以如此殘缺的資料為基準，不公平的現象自然就難以避免。

北宋初期，農村的兼併已經非常嚴重，但是兼併的過程理應呈現在買賣契約中，而買賣契約造成之所有權的變化，也理應登錄在縣政府的相關表冊中，然而事實上的情形卻不是這樣。富者的田產年年增加，但帳面上的農田卻維持很少，因而稅賦的徵收額也就不多，紀錄

顯示有人擁有良田百畝卻只繳納四畝的稅賦。相反的，中小地主的農田多被大地主蠶食鯨吞而從未變登記，政府手中的「原始數據」卻讓這些人必須繳納「應該」負擔的稅賦，形成十分不公平的稅賦分配。對於國家財政影響更深遠的是，由於政府的地籍資料紊亂殘缺，許多其實正在耕作生產中的農田，在名義上竟是不存在的，而不存在的農田則落在徵稅的範圍之外，或者名義上是某人之田，但某人早已「破產流移，而不知其所往，其賦存而人亡者，天下皆是也」（蘇軾）。宋代據田納稅的農民一度只有十分之三，其他的農田和農民都化為隱形，而這就是兩稅制的浮濫依據。

　　仁宗時，大理寺（相當於今日最高法院）的郭諮對於以上的情形看不下去，單單進行一個縣的土地調查，馬上就抓出高達 80 萬的逃漏，其他縣份也不遑多讓；對於國家能夠增補稅收，皇帝當然龍心大悅，朝中高級官員也紛紛表態本案應該推行到全國，但「表態」是一回事，真幹是另一回事，最後本案仍是無疾而終。縣級官員與仕紳是「官紳一體」的最基本組合，在缺乏「外來政權」的衝擊與壓力下，官員對於土地調查是不可能主動配合辦理的。1072 年王安石推動「方田均稅法」，其

實就是在郭諮原來的方法上加以修正而已，只是這回是藉著中央政府的威勢下去推行的，一時之間雷厲風行。只不過，前朝仁宗雷聲大雨點小的殷鑑不遠，而方田均稅法又是王安石擔任宰相將近四年才遲遲推出最後的新法，實在也是因為它直接而全面地跟全國仕紳集團過不去，反彈的力量不容小覷。

　　方田均稅法是以整理地籍（方田）為手段來清查土地，以清查土地來把農民的稅捐負擔按實際的情形予以重新分配（均稅）。王安石謹慎地先從一路開始試辦，然後逐年推廣。每年九月開始，在中央政府的督導下，各地縣長的重點工作就是辦理土地重新丈量，以農田四邊各一千步的範圍為一大方，各一百步為一小方，重新確認地主是誰，以及登錄真實擁有的方數，同時也把無主的「隱田」用相同的方式納入統計，順勢確認該土地的納稅義務人。為了減少新法的衝擊，王安石並沒有把增加出來的田產轉變為國家可以多徵收到的稅，反而是通令各縣維持過去的稅收總額不變，依實際情形調整稅收的分配狀態而已，作法上可謂十分「保守」。在土地調查的過程中，中央政府順便也可以瞭解地方政府是否在中央政府規定的稅賦總額之外，另外假藉名目開立其

他的雜稅，一有發現則予以禁止。換言之，由中央政府主導土地調查，它也是中央對於地方進一步進行瞭解的政策工具，一個舉措帶有多種功能。

調查土地所有權的同時，縣政府也必須確認該筆土地的地勢好壞及肥瘠程度，依其優劣程度區分為五個等級，重新編冊之後加以公告，公告一季之後若無人提出異議，才按公告內容實施徵稅，一方面緩和政府統計數據與實況之間的嚴重脫節，另一方面則把土地面積和地力等級化為制定梯級稅賦的基礎。在調查過程中如果確認特別是貧農所擁有的「土地」真的不具生產力（例如實為道路、池塘、荒地或墓地等），則免徵任何稅賦。調查整頓之後，政府保留官方的帳簿，農家也有各自的田產證，爾後無論分家、典當或買賣，都要經過縣政府的登記註冊，整套作業也堪稱完整。

方田均稅法從實施到被廢止共推行了十四年，實際整理過的農田只限於五個路而已，而且各路之中仍有許多地方官不願配合辦理，不配合的地方官也未見懲罰，彷彿堂堂正正的國家政策只與道德勸說相去不遠。當中央政府無法把地方政府充分整合進入同一個團隊，則中央政府依舊還只是個有名無實的「外來政權」而已，無

法真正消弭「本土政權」。但無論如何，王安石變法期間清查丈量的農田高達 2 百 48 萬多頃，已經佔了當年全國墾田總數的一半以上，實是中國歷史上的一大壯舉。

市易法

王安石各項變法政策中，內容最複雜，野心最大，後果牽涉最深廣，同時反作用力也最強烈的，莫過於市易法。

市易法上並不推行於廣大的鄉村，原則上只針對城市中眾多的從商人口。從唐朝進入宋朝，這個階段中國的城市出現極大成長；城市的政治或行政性質並沒有削減，但經濟性格卻有著很大的改變，特別是城市消費活動的溫度顯著遞增。逐漸地，王公貴族和商業強豪成為開封城的主要演員，串連起來的一般商戶則形成為數眾多的配角，而中下層人民則漸漸被排擠到城區的郊外，整幅畫面儼然瀰漫著一股現代商業城市區位演化的味道。對於國家而言，如何能夠從城市的新興經濟活動中得到更多財政資源，其實一直是宋代國家領導人的心事。相對於言，農村的資源可從「兩稅」當中汲取，但城市的資源汲取工具就複雜多了。由於像開封這樣的大

城市吸引龐大人口的聚集，街市擁擠的程度早已達飽和，有限的土地頓時奇貨可居，房價也不斷飛昇，甚至某些地段的價格等同黃金的價格，而新的財富形式也吸引政府在地稅、屋稅、市場（攤）稅等方面積極跟進，形成商業營運本身相關稅收（如貨稅、交易稅等）之外的其他龐雜稅目。

城市商業經濟的繁榮，自然帶動了商業活動本質上就內建其中的通貨膨脹現象，所以推動市易法表面上的理由正是為了平抑物價，而物價的哄抬部分原因則來自大富商戶的操縱。依王安石的說法，「古通有無，權貴賤，以平物價，所以抑兼併也」；農村的兼併來自大地主，城市經濟的兼併來自富商大室，但如今的實況卻是「上無法以制之」，言下之意似乎暗示制衡物價的權力應當操於國家，這麼一來既可促進社會的平等，同時國家也可以藉此增加財政收入。抑兼併向來是中國傳統的政治理想，但「富國」更是王安石萬變不離其宗的總目標，富裕的城市則是王安石「理財」富國策略的大實驗室。

不過，事情的進行總要有個過水的橋樑，這此橋樑就是宋代的「科配」制度。雖然經濟活動極為發達，但宋代社會並無所謂鬆綁的自由市場，從首都到城鎮，凡是同

業的商鋪（連醫生和算命仙也不例外）都要加入各自的「商行」，這是出於政府的規定，因此「各行」各業乃是商業的、同時也是一種行政的描述，甚至不同行業從業人員應該穿甚麼樣的衣服、戴什麼樣的帽子，式樣與顏色如何，也都各有規矩。相對於唐朝長安對於「市」的嚴格約束，宋朝的開封基本上則是一座不夜城，隨著經濟生活的豐富多樣，都市商行的總數也不斷增加，開封本身就至少存在一百六十行以上，各行壟斷自身的利益，規定商品的價格，外來的商人如果不加入本地的商行，就不得進行買賣。相對的城市的各種工匠組織叫「作」，例如木工叫「木作」，性質與商行相同。

　　宋代各級政府、各地政府所需要的各種物資，從米、豆、蔬果、藥材、肉品、蟲魚鳥獸、花草樹木到珍玩寶玉，以及鹽、茶、酒、香料，礬與礦產為主的專賣事業（或者政府各作坊之手工業）所需要的生產原料如竹、木、鐵、炭等等，五花八門的各類物資，都是透過商行來進行集中採購的，這些物資分類（科）採購過程就叫做「科配」。事實上，政府採購的物品不一定是「辦公用品」，也包括官員個人（上及皇室成員）自認為有需要的任何物品。然而，雖然名為採購，但是價格卻是政府專賣官員與商行的領導人共同協議的結果。由於物品的價格是政府與商行共同決定

的，所以某些高於行情的商品價格被協議出來之後，等於官方也認可了這樣的價格，所以價格的起伏也有政府在背書，間接協助了富商來操控物價，此時政府看起來像是當了冤大頭。同時，官商之間協議的標準看似參考當時的行情，但實際上某些賣給政府的物資也等於是特惠的「批發價」，在權力不對等的處境下，商行可以說是半賣半送。至於是何種物資政府「買貴」了，何種物資政府又檢「便宜」了，則完全依個案性質而定。

基本上，當政府出一定的錢，商行提供一定的貨，貨源則是由商行籍下的每一商戶，依其資產等級而按比例攤派出貨。如果發生戰爭，則軍需品的科配又急又嚴，商戶也只能默認，沒有多少討價還價的空間。政府不只通過商行來買東西，有時也依相同的管道來賣東西，把庫藏積壓的多餘品（如布疋）或品質不良的物資（如過期的茶葉、酸酒等）交由商行代銷以換取現金，有時甚至要求限期完成。通常商行的作法，也是依商民等級，要求各商戶按比例「代銷」政府物資而交回現金。所以承接政府的買賣，商行有得有失，商戶的壓力其實非常沉重。在科配之外，商人另外還要繳交的常規稅本也不少，而科配可以說是正稅之外的額外工作，不想做

這樣的買賣都不行。

　　為何商行對官府要如此委屈呢？這裡面除了政治權力的壓迫（例如官員自己覺得靴子品質不良就可以鞭罰商戶）外，最現實的原因在於商行的成立必須得到政府的同意，而政府之所以同意某一商行的成立，直接條件就是該商行販賣的物品必須是政府「有需要」購買的。當然，來到都市臨時販賣蔬菜的小農，或者都市中各種零零星星的小攤販，這些人並不納入商行組織。政府對於商人加入商行是採取開放的態度，可是商戶一旦落籍於商行就不得退出，因為政府的特定採購有越多人分攤則風險越低；商行成員向官府提供自身的「服務」，名為做買賣，但其性質等於農村鄉戶的「勞役」，是一種甩不開的義務。如果某些商戶承擔不起科配的買賣任務而逃跑，政府就拿該商戶的子孫充數；如果舉家逃亡的，政府就強迫其他相關人等加入商行，以填補商行最基本的分攤基礎。這些遺憾的現象，王安石都很清楚，所以市易法最初始的目標，就是企圖取消各地、各級政府與都市商行之間的強制科配制度，取而代之以特設的政府採購單位，另行建立一個統一採購的專責管道。

　　1072 年新的單位「市易司」成立了，但是這個機構

的功能還不只是物資的採購，它本身更積極地參與到交易過程中。之後，京師的市易司再分設到各大城市及邊境（專門採購軍用糧草及補給）而成為市易司下游的「市易務」，市易單位和各級政府的物資庫藏單位連成一氣，最後形成一種極為廣布的官商網絡。市易司的性質，既是政府的一個部門，也可以說是天下商行的「總商行」，除了最高負責人是政府的正式官員之外，業務方面的低階執行官則改由商人來擔任，同時也招募各地商行的商戶及牙人（跑業務者）加入市易司或市易務來工作。王安石認為，不是科舉出身的官員，而是實際在商場上打滾的商人，才有能力在「煩細」的商務上斤斤著力，所以市易部門也等於是運用政府約束下的商人，來跟有意與政府往來的商人打交道，買賣契約由這些人一同協商議價；換言之，這是借重商人的靈敏來對抗靈敏的商人，一方面讓政府能以低廉合理的價格購得足量的大宗物資（王安石曾試行羊的集體採購而竟節省經費十分之四），另一方面也讓各地的富商大戶失去影響物價的部分能力。直接起用商人來替政府辦「商務」，或者說由商人來「代理」政府的部分職權，這是王安石市易法的一大特色。前期推動的均輸法，部分業務後來也

流入市易法中。不過，市易法的推行如骨牌一般連串倒下，最後的結果似乎也不是當初預料的那樣。

市易法的具體操作方式如下。市易司獲得中央政府提供一百萬貫作為資本，先收購天下之平價或廉價物資，等該物資市場價格攀升後再賣出去，中間的價差或者收入國庫，或者再回頭充實市易的資本。但是，政府收購的物資要如何賣出去呢？當然還是透過商戶。只不過，有意的商戶並不是拿出錢來向政府「批貨」，而是先跟市易務「賒貨」，以自身的房地產或金銀當作抵押（並由其他商戶做保）後，將平價或廉價貨品拿到市場上販售；商戶此時會選擇販售這種貨品，當然是因為該貨品的市場售價預期攀高，商戶自有相當的利潤，半年或一年後再將當初與市易務協議之貨款交還政府，外加一分（半年）或兩分（一年）利息。換言之，市易務看似扮演大批發商的角色，而有意與政府合作的商人則是零售商，這與傳統「政府部門」給人的印象已經大相逕庭，同時更由於商戶不必先拿出貨款，等他日賺錢之後再還本息，這樣的做法也使得市易單位的性質非常接近金融機構。

市易法的金融性格，進一步表現在它也可以接受商

人申請貸款，去購買政府所指定的物資，年息兩分而不必擔保，到期之日交回本息及購買的定額物資。至於這筆貸款要如何善用（何時購買或暫時周轉他用）則由各商戶自行發揮所長，這對一些本小利微的中小商戶而言極具吸引力。然而，市易法借貸功能剛上路的時候還算成效頗佳，申請者十分踴躍，但是這項金融功能幾年後就被神宗給緊急廢止，原因在於大量的借貸者無法如期還錢，而竟使市易資金很可能面臨破產。其實，就是為了確保借貸者如期納還本息，政府又祭出過期不還錢者「息外每月更加罰錢百分之二」的罰則；而借貸經商本有風險，一時周轉不靈而無法還錢者，卻又馬上面臨重罰，本金、利息、罰錢一起湧上來，雪上加霜的結果，還錢的能力與機率就更低了。

　　理論上，一千年前的市易司如果真的能夠發揮一定程度的金融功能，這將是中國經濟史、也是世界經濟史上的大事一件。但事實上現代金融機構的放款業務是經過細密審查的，對於貸款者之資產條件、還款計劃、市場風險等都有一定的理性評估，但也仍然不能完全免於呆帳。然而前述這些先期的評估作業，相信在宋朝當時是難以落實的，即便市易商官本身擁有比正式官員更豐

富的資訊管道，但顯然還是遠遠不夠；再加上商場大戶、小戶都可以借款，雖然證明商業的經營確實有此貸款活用的需求，可是一旦超越了當時極為有限的行政控管界限，後果就覆水難收了。對於依額還款之期限，政府事實上後來也是有所展延，利息也順勢調降，最後神宗甚至免除了部分罰則或行政懲罰，但是仍有大量商戶成為國家的債務人而無法還清欠款。此際，市易司僅存的資金發不出去、也不敢再發出去，機構的主要功能可謂停擺；積欠的債務收不回來，反而拖累的國家財政，結果反而與政策目標不符。同時，市易法造成的政治後果又比經濟後果還更嚴重，終於導致停辦。

首先，市易法斬斷了天下的官員從天下的商行取得好處的機會。科配制度把政府與商行強行串綁在一起，雖然政府不是不給錢，但除了「買賣」往來之外，為了不得罪政府官員，商行對於相關官員的需求也儘量設法滿足，以求保持「良好的關係」。政府官員忽然間平白失去了一個「合法」索求的管道，這對官員（包含朝廷高官、皇親國戚甚至神宗自己的妻子和母后們）的影響又是何其重大。

自市易法實施之後，城鎮商戶的肩膀上從此卸下科

配買賣的大麻煩,不過也得交出一筆「免行錢」,作為交換免於政府強搭買賣關係的代價。對於商行而言,繳納免行錢不啻花錢消災,但額外繳錢也總是另一種負擔,更何況無論開店設鋪還是行銷貿易,每一個環節該繳的稅也已至為可觀。免行錢確實增加了國家的財政收入,但是串街走巷、就地開張的眾多小販不屬於商行,他們不必繳納免行錢而一樣做生意,這就激起商行的反彈了,情形很類似今日的店鋪商和流動攤販之間的矛盾。為了順應商行的反彈,政府下令沒有靠行的小販不得做生意,逼迫他們無論如何都要投靠的某一商行,如此所有人都得交納免行錢,這樣才符合「公平」原則,結果連理頭髮的、賣粥的各式小販都得設法鑽進某一商行,否則一旦被告發就會遭到處罰,而舉發者則有賞金,這麼一來民怨就更大了。更何況,免行錢的計算標準在那裡?不分等級交納相同的錢是有失公平的,然而等級如何區分又是個難題。在整套制度並不完密的狀況下,市易單位工作人員的權力頓時大增,監督不及的第一線權力又帶來勒索或中飽私囊等腐化現象,原本科配制度的缺點形同換個方式重新上演,市易法推行至此已扭曲變形了。

市易法把商人納入公務體系，這些商人既是商行出身，又是政府人員，球員或裁判的角色界線本來就不可能十分清楚。當朝中大臣發現京城裡的市易官商（他們好歹也是個「官」吶）竟然在市場賣水果，好似連瓜果微利，國家都要跟小民來爭，斯文掃地至此，當下群臣就按奈不住了。其實神宗自己也開始看不下去，但是王安石卻異常堅持，認為政府本身既然要賺錢，就沒甚麼是不可以賣的，看起來像是觀念問題，但其實與王安石幾年前對於均輸與平準的分辯已自相矛盾。不過話雖如此，事實上市易法確實明顯改善了宋朝中央政府的財政窘境，單單 1077 年開封的市易司就為政府賺進了 143 萬貫，相當於當年農業稅收的三成。不過，當中央政府財政收入漸趨好轉之際，民間社會卻有越來越多的商戶因為欠貸還錢而愁苦不已，市易單位為了催收這批欠款，甚至組成類似今日討債公司的專門人員日夜騷擾欠戶，而這些欠戶又多是市井小商販，最後不得不賣掉房子、拆屋賣樑以還債的、全家逃跑的、入監服刑頸上鈸枷的所在多有。再加上此時宋朝竟然發生大規模的旱災，災民四處流竄苦謀生路，整個社會瀰漫悲悽之情，而市易司本身又發生銀錢收支對不攏的事情，後來市易

司的利息收入又快要被支出的呆帳給吃掉，這些事實，而不僅僅是觀念，都成為朝中反對者的有利口實，神宗最後也頂不住了。

市易法的原始策略，是企圖同時滿足國家財政與商業紓困，但沒有預期到的後果卻是，市易法越是加重它增加國家財政的任務，對於經濟上的紓困作用也就實質減少，這兩個目標（國家財政與商業紓困）最後相互矛盾；欠缺現代社會之理性計算能力與技術，這種矛盾的結果是很難避免的。為了直接為國生利，原本何物價賤則大批購買該物；但市易法實施之後，變成當國家大批購買某物，則某物之價格即預期飛漲，首先受害的就是廣大的消費者。至於有些市易單位壟斷米糧而在飢荒地區高價出售，純然是為了國家贏利而不計民生，王安石也認為這根本是「本末」倒置，但「手段取代目的」的後遺症已經很嚴重了。另外以製酒為例，酒商向市易單位貸款購買酒麴而致無法償還本息，而罰錢接踵而至，酒商只得提高酒品的售價企圖翻本；酒價上漲而能夠償還借款，於商戶不賺而物價已高，倘酒價上揚而致影響銷路，則商戶與消費者同為輸家，商戶的困境仍然不得擺脫。

市易法造成的爭議實在過於嚴重，但王安石只承認「以今之官吏行今之法」而「官吏推行多違法意」，不能正視複雜的市場並非行政手段能夠充分左右，更何況這還是宋代的行政體系，結果當然是捉襟見肘。此時，執政團隊本身也開始意見不合，原是王安石左右手之一的曾布甚至公開反對市易法，坦承「徒作一大事，一無所得，複行之何益」。更關鍵的是，神宗本人對於市易法的真實窘況也多所不滿。為平息眾怒，同時也為了繼續推動其他的新法，神宗決定棄車保帥，於 1074 年罷去王安石的宰相職務，讓他外放江寧府當個地方官。市易法仍然持續修正與掙扎施行中，但神宗去世之後，還是難逃被廢除的命運。

高議不同俗 功成人始思

第五章　軍事變法

　　宋代自開國以來對外戰爭多次遭遇到重大挫敗，如果更早的夏商周不算，中國版圖最小的朝代就屬宋朝了，因此在人們的印象中宋朝的國力也算最弱，而國力之最直接的指標，就是軍力。

　　所謂軍力的強弱，它事實上也不是個絕對值，而是相對比較的結果；也就是說，你是一個強國還是弱國，基本上要先看你的鄰居。宋代中國的北方鄰居主要是西夏、遼國和金人等。中國大地之上，傳統以來人們心中一直存在著「胡漢情結」，例如漢朝的王昭君被當做外交禮品嫁給匈奴王，年輕時的王安石寫著「人生失意無南北」、「漢恩自淺胡自深」，很寫實忠厚地紀念這位可憐的女子，但後來有人拿這首詩指責王安石是漢人的

叛徒；然而，漢人並沒有意識到這般的漢胡分野從唐朝之後就有問題了。唐宋之間是五代十國，許多國家的領導人或其人民根本就是「胡人」，而當時的各國都可以逐鹿中原，是因為這些「胡」國其實已經是「胡皮漢骨」，在文化上已經相當漢化。宋代情況是上述趨勢的深化，胡漢二分大體上已經不起考驗。宋朝統一了中國華北以南的國土，西夏雖在西北邊塞，它卻是個多民族、農牧商混合運作的高度文明國家。遼國更不得了，它廣大的版圖西起新疆西側、東及日本海，也是個二元制的帝國，南方接近華北而採唐代的官制來治國，甚至也有科舉制度，北方則仍是騎射英雄的大草原，精兵六十萬是極具震撼力的強大武力，只是漢人不願意承認這個「胡國」其實也是個「遼帝國」。也就是說，自北宋開始這兩國其實都是強鄰，而且精彩地融和了漢文化與本身的文化，雙方早已不是漢武帝和匈奴那樣的等差關係，故而絕不能輕率以「遊牧民族」等閒視之。基於地緣政治之必然，宋朝作為他們的南方鄰居，各種資源上的條件都是這些強鄰所覬覦的，而且宋朝軍事制度的本身也存在著重大問題，自然讓宋朝本身因為可以被覬覦而被覬覦。

　　宋太祖趙匡胤是被自己的軍隊「黃袍加身」而「被

迫」成為皇帝，自然害怕那一天其他將領也如法泡製；這是唐末、五代以來長期的地方軍閥割據所造成的心理陰影，對於不具備現代監督體系的傳統國家而言，任何皇帝的心情都一樣。在一場「杯酒釋兵權」的傳奇中，太祖讓石守信等結義兄弟、同時也是此時的高階軍事將領辭官而去（只受虛職），軍權改由皇帝一個人掌握。可是，跟隨太祖打天下的時候，趙匡胤身邊的人馬頂多不超過卅萬，分別由幾位經驗豐富的戰將來率領；如果這些戰將不擅長打仗，天下最後也不會是趙匡胤的。但如今，大宋江山的幅員已不限一方，卅萬的軍隊必須擴充至整個國家所需要的數量，在仁宗時甚至超過百萬，然而作為「職業軍人」的將領卻從一開始就快速遞減；要打仗的兵員更多，擅長打仗的將軍更少，這在邏輯上就是個矛盾。

皇帝雖總攬軍權，但他畢竟沒有三頭六臂，也需要政府相關部門來協助調度。但是，中央政府既沒有真正統一事權的「國防部」，軍隊的調動權、管理權和召募權分別屬於不同的單位，每一股軍隊同時都有幾個主管在相互牽制；作戰之時，皇帝直接臨時調派指揮官去帶兵，而且這些帶兵官通常是不知戰略戰術的文臣，兵分

多路之時情況更加混亂，各路統帥互不相屬，沒有戰場總指揮，真正的指揮權統歸後方的皇帝，天生就是個難有勝算的作戰體制。戰爭結束後，將、兵再度分離，再回到平時多頭馬車的共管狀態，而共管往往離「三不管」不遠。

宋朝的軍隊，除了地方的鄉軍和邊地的少數民族傭兵之外，主體仍是為禁軍和廂軍。廂軍其實等於地方的行政兵種，平時築城、修路、運輸而少有訓練，待遇也比不上禁軍。禁軍是軍隊的主力，招募時必須達到一定的體位要求，就個體要求而言也並不算差。禁軍在京師及邊地之間往返輪調，待遇相對優厚許多，由國家花費大量的財力物力來支撐。然而禁軍的高階軍官可有妻室隨營，虛報兵籍或剋扣糧餉的情形也很普遍，實際上社會底層的人民加入禁軍也不一定能夠改善生活，艱苦如昔而又受盡虐待，普遍來講禁軍的士氣與訓練都不理想。歐陽修的幾句描述「諸路之民，半為兵矣（指招募之隨便），其間老弱病患，短小怯懦者，不可勝；兵額空多，所用者少，此有點兵之虛名，而無得兵之實效也」就可窺見禁軍之碩大空虛。

由於規模龐大的禁軍是國家的軍事主力，龐大的數

量壓縮農業人口而增加荒地，同時也讓剩下的農業人口分攤原有的賦稅和差役，負擔甚為沉重。但若付出這樣的代價而禁軍訓練精實足以保家衛國則倒也罷了，怎奈終身安逸、不愁吃穿的軍隊卻是十足的老大，平時訓練敷衍了事，移防時連被褥都是由其它勞役代扛，軍糧運補也是其他勞役服務，官府連調動禁軍擔任臨時勞役都不敢，稍不順意便聚眾滋事；禁軍不事生產而仰賴大量糧食供養，供養到 50 歲則可以自願退休，然而強制退休的年齡還要到 60 歲。禁軍的狀態令人搖頭，但此時沒有人具備改革禁軍的魄力，其實也不知從何改起。

不過，與上述頹廢現象相反的是，宋朝在武器科技方面其實極有突破，火藥也被發展成戰場上的實用武器，甚至讓敵人口鼻出血的毒氣砲彈也開發了出來，乍看之下應是領先世界的，但是軍事科技的突破顯然不被飽讀古書的宋朝大臣所重視。後來的金人改良宋的火砲而威力更大，蒙古滅金之後再將之傳入西方，火砲在效能和機動性方面才真正顯出它的巨大威力。可惜此時宋朝火砲的技術只能在防守城牆時才能發揮功效，在攻勢作戰中無法克制機動性極高的敵方騎兵。在眼前這個階段，宋朝在武器上的新發明雖然極為熱鬧，甚至包含許

多發射式武器的試驗與運用，但是熱鬧歸熱鬧，它也只能加強戰場上的局部優勢而已，整體而言它還是無法有效取代人力。高效能步槍和嚴格的單兵訓練才是「戰場經濟」的真正開端，但那是西方工業化之後的成就；也就是說，此時中國方面的優勢還是在於人海戰術，以多數的步兵人海壓制敵方少數騎兵。彎弓騎射本來就是遊牧民族的日常活動，而且當機動靈活而分進合擊的騎兵可以在段時間內聚集到一定規模的關鍵時刻，結果通常就是敵軍的以十當百，宋軍難以招架。幸運的是，遊牧民族的軍事力量也一直有它內在的難題，那就是它的規模有限。

弔詭的是，當宋代在武器科技上的積極研發之際，重文輕武則已經形成一種更深入、更普及的社會文化，不僅在對外簽訂和約之後國內就瀰漫著避談武備的心態，而且蘇軾還觀察到「天下之人，驕惰脆弱，如婦人孺子，不出於閨門；論戰爭之事，則縮頭而股慄（兩腿顫抖）」，這樣的比喻難免帶一點文學筆法的誇張，但蘇軾認為「此不亦畏之太甚」則屬合理的批評。

宋代重文輕武的政治、社會及文化傳統，以及立國以來的軍制，都是王安石企圖加以動彈的對象。新政改

革的重點不只放在「前鋒」，同時也更涵蓋「後勤」或基礎工程，是一個整套的新佈局。

保甲法

　　無論城市還是鄉村都缺乏精確的戶籍編組與調查，所以國家軍事動員的對象大概只能鎖定在鄉村，因為鄉村人力固著在土地上而流動率低，而且農民的勞動也有其季節性，所以王安石的保甲法係以「鄉村之民，二丁取一」的方式，利用農閒之時召集鄉丁（或稱保丁）授與弓弩等武器進行軍事訓練，也包含學習一些最初步的戰場布陣，而形成禁軍、廂軍之外的另一非正式兵種，鄉兵。

　　鄉兵的組織與動員，當然可能減少一些國家在正規軍方面的龐大軍費支出，但更為基本的鄉村建設則是，王安石同時也把鄉村依照動員的需求而編組起來，使廣大的鄉村地區「什伍相維（什、伍是一定數量之組織），鄉里相屬，察姦而顯諸仁，宿兵而藏諸用」。保甲法最初以十家為一保，五保為一大保，十大保為一都保（後來仍有修改），每一級都有負責人（保長等），形成一個綿密的保甲體系。保甲二字雖有地方武備的味道，但

它此時更重要的意義，在於它形成了軍事動員所需要的戶籍編組，戶籍乃是一切軍事動員的真正基礎，至少就現代國家的標準看來是如此。

事實上，保甲法的產生也不是王安石突發奇想，而是某個地方官上書給神宗所提的建議，而且還附了很具體的實施辦法。王安石拿來研究之後，再加以發展為成套的辦法，而且一開始只拿兩個縣來做試驗，實施之後考驗其成效與缺失，然後才推廣到五個路。這說明了，一方面王安石推行新法的步驟其實是很謹慎的，二方面則說明了「下情上達」是何等重要的事情，只靠少數幾個高層官員的腦袋來處理國政是絕對不足的。

一個制度的目標有可能是多層次、分遠近的，保甲法最初級的目標其實不在軍事動員，而是維持地方治安，最表層的現象則是保丁的輪差巡夜來防盜阻竊，立功者可領賞金，但是一保之內若有窩藏逃犯強盜者，超過三天就要治罪。換言之，保甲法是先把保甲組織的範圍之內先做一次門戶清理，將犯罪者先驅趕出去，而使鄉村成為穩定的後方，而後再逐步向上發展。有系統地推動地方保甲制度，在中國歷史上應是從王安石開始的，然而他的長遠打算則是企圖透過保甲制度讓徵兵制

可以開始生根，或許將來可以取代目前的全盤募兵，因此保甲法乃是一個起於「防盜」而終於「徵兵」的長遠布局。

保甲法培訓鄉丁，最終是希望能夠「以丁聯兵」而「與募兵相參」。為了往這個積極的目標推進，保甲鄉兵不只是農閒之時實施在地訓練而已，他們還必須輪流到最近的巡檢司（類似縣警察局）報到，往返調動也等於訓練鄉兵的行軍能力，這個任務叫「上番」，一次上番需要十天（有些路規定半個月）。鄉兵上番期間，由國家提供伙食及菜錢，保長等組織幹部另有津貼，但整個過程的管理和訓練非常嚴厲，保丁反抗保長就要接受處罰，點名不到也要挨板子，逃亡的要「杖六十」，逃亡留下的缺額要立即填補，上番任務不容蒙混帶過。來到巡檢司之後，鄉兵就被專責的軍士教以武藝，並實際操作巡警的工作。換言之，保甲鄉兵的訓練並非紙上作業，雖然不是正規軍，當然也不可能得到足夠充分的軍事訓練，但鄉兵也已經部分地達到「武裝警察」的水準，而其訓練成效最顯著的指標，就是巡檢司開始裁減本身的人力，因為部分功能已經可以由上番的鄉兵來執行。

為了強化鄉兵的動員習慣並驗收成果，每年十月之

後到春節之前，則會舉行大規模的農閒操演，等於是一種集中校閱；各隊鄉兵進行大會師並展示訓練成果，活動期間長達一個月，其中武藝特別高強者立刻給予升官或免除部分稅役。然而，上番是五路都在推行的任務，但集中校閱並不是，它只限於首都和北方幾個重要的地區，而這些地區偏偏又是禁軍的集結地；在禁軍的地盤上進行鄉兵的集中校閱，同時也在過程中開啟以軍功為標準的獎賞管道，決策動機非常之有趣。為了實施保甲法，政府還專門設立了提舉保甲司來負責這項工作，其中又格外重視集中校閱，1081 年參加校閱的總人數高達六十九萬多，規模已不容小覷。

　　鄉兵的成敗繫於訓練是否嚴謹，而為了提升實質成效，政府還成立了「集教」中心於首都，共有十一個教練場，專門調訓位階較高的保長，以十個保長分配一位教練之「小班」方式進行集中教學，有些時候竟有兩千位以上的保長同時在首都接受集訓。集訓過程中，如果某些保長學藝有成而通過檢驗，就可以馬上轉任為教練，分派到各地的保甲處所進行團體教學，整體教學規劃堪稱完整而用心。

　　不過，自保甲法實施以來，鄉兵從不曾上過戰場，

即便參與禁軍的軍事行動，鄉兵被分派的仍是守城、搬運輜重等輔助性任務，所以有人主張保甲鄉兵完全無助於宋朝的軍事力量，等於費盡心血而毫無收益。然而這樣的評論可能忽略了保甲制度最初級的任務其實是地方治安，其次也忽略了禁軍本身以及若干反對保甲法的大臣也不希望鄉兵站到第一線，同時更忽略了禁軍的招募來源也可能是鄉兵。經過軍訓的鄉兵，就像某些現代國家經過軍訓的高中生，入伍的時候就很像個軍人了，這才是動員體制的真正價值。總之，保甲法乃是軍事改革的地基工程，在保甲法的極盛期間，政府甚至把禁軍填補缺額的錢扣下來，轉用於鄉兵培訓及校閱活動，鄉兵氣勢一時如日中天。

保甲法於西元 1070 年推出之時，就受到多位大臣的極力反對，王安石與大臣之間有著激烈的辯論，最典型的反對意見是認為推動保甲鄉兵好似全民皆兵，而文明國家如古代先王們是不會炫耀武力的，王安石則答以炫耀武力正是先王們剛柔並濟的智慧，因為最高原則正是不戰而屈人之兵，雙方的論辯非常激烈。不過最有效的反對意見，還是擔心鄉兵制度將增加地方勢力割據的可能，這個理由確實碰觸到宋王朝最敏感的神經，連神宗

都一度動搖，但由於王安石的極力堅持，保甲法還是保留了下來。神宗過世，宋哲宗繼位，司馬光被迎回中央政府，他強調保甲法動員幅度太大，而且整個鄉野都是執兵器的人，看在老人家眼裡也都「以為不祥」，所以哲宗罷廢了保甲法。不過，實施十六年的保甲法也在極少的教育訓練經費下創造了超過七百萬的鄉兵（1076年），算是相當豐厚的後備動員基礎，也為國家節省了相當可觀的軍費，但保甲法最大的敗筆仍在執行面。在那個各項資料與相關輔助制度都不存在的宋代鄉村，誰又能確定那一農家真正提供了多少人力？誰又能確定執行軍事訓練的保長有能力忠實履行他的職責？誰又能確定保長不會把人力挪做其他用途？用最簡單的說法，保甲法之推行「不實」，它就變成一種擾民的苛政；如果保甲法推行「落實」，在缺乏更為細膩的操作技術規範下，它仍然可能是一種擾民的苛政。更長遠地來看，當一個傳統農業國家只能以最小的成本來進行鄉村動員時，鄉紳的影響力反而順勢更上層樓，形成公權力和地方自治權力併存的矛盾，而且動員越力，矛盾越深。然而在神宗的時代，關鍵的問題還不在保甲法的治安目標上，而是它企圖要達成的不只是治安目標，所以集中校

閱才是困擾的焦點。

　　鄉兵的訓練自有它的在地空間，但是長時間的大會師或集中校閱，以及為了在集中校閱上能有更好的表現，某些後遺症就開始出現了。首先，它可能會影響或耽誤了農業生產的時間，而校閱的績效又導致各級保長的權力大增，乃至超越了訓練的合理要求，其中不只出現了欺凌與勒索，甚至造成有些保丁寧願自毀肢體也不要參加集訓，或者傳聞將被送上戰場而父子抱頭痛哭，逃亡現象也等於印證了訓練過程的過度嚴苛。神宗末年發生一些農民暴動，受過保甲訓練的鄉兵轉丁為匪，保甲法竟產生了自相矛盾的後果而更備受奚落。

　　不過，我們雖能確定保甲法的實施，但不能確定保甲法的罷廢。哲宗所罷廢的其實只是保甲法當中的校閱活動。事實上集中校閱的功過到底如何，在判定上也難有定論，因此哲宗之後政策又反覆不定，校閱停辦十數年後又再度恢復，感覺上則是「更擾民」，最終又是停辦。但無論如何，整個廣大鄉村的保甲編製還是保留下來，只是各地殘留的「冬教」訓練已不甚積極，途具形式而已。

保馬法

對於獸力的需求，牛的用途在中國是遠超過馬，但是姑且不論牛和馬於負載力量上的大小差異，馬的機動性絕對遠遠超過了牛，所以馬既可用於耕地，更可以用於戰場。世界各地都有不同的馬種，中國也不例外，可惜中國馬在體型重量上比不上歐洲馬，在耐力及適應力上也比不上蒙古馬，所以騎兵在中國始終是個弱項。騎兵的優點在於它的機動性和衝擊性，但是基於馬種條件的不同，不只身賦重裝甲的中國騎兵在行軍時必須下馬牽著馬匹前進，臨戰衝鋒時才能上馬，而且許多戰馬的數量又不足，面對遊牧民族快馬衝鋒的重磅優勢，中國馬和中國騎兵在質、量上都居於劣勢。關於這一點，中國早在漢代就已心裡有數了，所以漢武帝千里遠征就是為了要帶回中亞一帶的阿拉伯馬，企圖改良中國的馬種，可惜後來沒有成功。

關於戰馬的培育，宋朝的條件又格外不利，因為相對適合養馬牧區都在北方，然而依宋朝的版圖及經緯度來看，宋的「北方」嚴格說來又不夠北，再北一點的牧區，又都在西夏或遼國的勢力範圍或其直接威脅之下，

培育馬匹的場所相當有限，所以如何在短時間內能夠彌補甚至增加馬匹的質與量，就成了王安石保馬法的目標。無法依賴現有的國家牧場，王安石希望民間也能夠參與，特別是西北邊區的人民，因為那裡的天然條件比中原更適合養馬。

1072 年起，王安石所推動保馬法之速寫如下：國家牧場的人事費及馬匹的口糧費居高不下但卻經營不佳，不如改由民間來接手，而且事後估算民間飼養一匹馬的成本也確實遠低於官方的花費，除了可以減少政府開支之外，私人利益的計算更能刺激民間用心經營。由於養馬是一個成本較高的事業，凡是願意養馬的，政府可以提供馬匹，人民可以單獨、或幾家合起來共同養育；或者，政府可以出錢貼補給民家，讓他們自己設法去購買馬匹來養，一戶限購一匹，較富有者可以自願地買兩匹。無論以何種方式進行，飼養戶可以免除相當的賦稅，這是他們養馬所交換來的利益。一年進行一次馬匹的健康檢查，馬匹於戰時歸隊於國家，但飼養過程中若馬匹死亡，則飼養戶必須負責賠償。

整個作法看似簡單，然而一旦馬匹死亡，飼養戶要賠上整匹馬的價值，也可能因而一夕破產，因此批評者

認為政府的政策只勾起「愚民」一時的「貪念」，卻換來永遠無法翻身的惡夢。但是，這樣的高昂代價原本是要督促飼養戶用心照料馬匹，因為他們本來就因此而享有租稅的優待。然而如果是遇上瘟疫流行造成馬匹大量死亡，賠償的責任就難以清算而造成困擾了。後人也批評保馬法過於天真，因為要培養出良好的戰馬須要開闊的活動空間，而且馬匹適合群牧而不宜單養，所以國家牧場的完整條件（包含醫療）才真正有利於養馬。以上這些缺點都是事實，但也忽視了實施保馬法的背後還另有更積極的文章。

王安石變法之目的在於「富國強兵」，富國的策略是理財，強兵的策略也是理財。也就說，強兵不一定要專在「船堅砲利」上下工夫，因為軍力是國力的整體表現。

宋太祖趙匡胤立國之際，西北邊患並沒有造成宋朝的立即威脅。但趙匡胤之後的皇帝接二連三打了敗仗，宋朝對於西北新興強國西夏及遼國一直深感不安，不是訴諸戰爭就是委曲求和，迎戰、避戰之間沒有「第三條路」，所以宋代「國際關係」的戰略經營始終是消極被動的。這樣的趨勢到了仁宗時代其實已經有了思考上的轉變，但真正付諸行動的還是神宗。

　　由於廣大的北方邊疆不斷發生戰爭，夾在宋朝、西夏、遼國之間的其他少數民族也同樣備感痛苦。他們為了生存，政治立場不斷在這些鄰居之間擺盪，完全要看那一邊佔上風，而宋朝也不曾認真考慮要把這些民族拉攏過來。神宗和王安石決定改變以往的態度，就在準備實施保馬法的那一年，一向退縮的宋朝竟然主動出擊，大膽進行了「熙河開邊」的軍事行動；熙河是今天的甘肅地區，也是宋朝和西夏之間的緩衝，宋朝先以軍事行動將吐蕃的地盤拿下來，羌族、部分黨項族也順勢歸附。但是，此一軍事行動又稱為「和戎」政策，表示它的內涵又不純然是軍事征服。

　　這裡有一個小插曲。雖然軍力並不強大，但宋代卻又是非常迷人的，中國四圍各國（包含日本）對宋代的雅緻文化極為崇拜，所以羌族決定歸附宋朝時，其頭目久聞開封府包拯的大名，竟祈求賜姓為包（而非賜國姓趙），神宋大方同意。

　　此時的宋朝並非以「征服者」的姿態對待這些少數民族，而是企圖積極「開發」這個區域，以斷西夏之右臂。而所謂的開發，就是把王安石變法的內容首先帶進這個新的領域。一開始，宋朝政府出資購買這裡的土地，

同時也開闢大量荒地，這些土地或者租給當地人進行耕種，或者以「弓箭手田」的方式加以利用，增加土地的生產；弓箭手田是指靠近敵方的閒田，免費撥給當地農民耕種，但是他們負有監視敵情及通風報信的義務。為了增加土地生產的效益，政府從江南地區調來有經驗的農民及工匠，來此改善耕作技術與興築水利工程，當地官員甚致教導羌人補魚，以善用河川利益。此外，宋朝還特別把市易務設立至此，專責協助邊區少數民族利用自身特產進行對外貿易，更特別的是宋朝也不反對邊民與西夏進行貿易，同時也把鹽、茶、木材的專賣業務拉進邊區，等於是用經營開發的手段把邊區納入宋的「經濟圈」，而使之成為宋的勢力範圍。如果這也是一種帝國主義的話，此刻宋代進行的可謂現代的「殖民」帝國主義。

西夏及遼國非常重視他們的馬匹，所以上等馬匹是禁止賣出國門的。熙河開邊之後，政府在行政上設了州，同時也在這個地區購買馬匹，或者透過少數民族輾轉購買西夏或遼國的優良戰馬，進而在此地理條件上更接近西域的地方來推動保馬法。正因為保馬法最初的推動地點是在邊區，以善於養馬的（半）遊牧民族利用邊區的

開闊地來養育西北好馬，再依西北邊區的消費水準，其費用當然要比國營公務體系要節省許多，同時馬匹的死亡率也更低。於此同時，王安時也把保甲法引進這個地區，把保甲跟保馬結合，宋朝因此也有了第一批由少數民族所組成的軍隊，對於來自西夏的威脅，其反應能力已非昔日之怯懦可比。

保馬法實施以來培育了幾千匹的軍馬。前述保馬法的諸多缺點，乃是該法推廣回到宋朝內部五路所發生的，確實是輕忽了環境與條件的差異，結果反而不理想。哲宗繼位之後，司馬光當權，他認為邊區的開發根本是「勞人費財，奉空虛之地」而無異浪費，甚至主張要完全放棄熙河地區，經過眾臣勸阻之後才打消此意。但是政策精神已變，邊區的「經營」實際上已經停擺，朝中新舊政爭激烈，爾後的「開邊」也完全缺乏軍事征伐以外的大氣遠見，西北邊區再度陷入生靈塗炭的苦境，中國歷史上一度出現具有突破性的政策思路，再次由拓寬而收窄。

軍器監法

兵器之數量充足、品質良好，這是軍事作戰最起碼

的條件，但是今人很難想像宋軍有時連這般起碼的條件都很欠缺。由於實施鐵器的專賣，宋代初期的各類兵器大部分是由各處製鐵場所來兼製，因此兵器製造的最高單位竟是鹽鐵司。國家財政大多消耗在軍隊的人事開銷上，後勤生產的經費漸被排擠，到仁宗時代各類兵器已經全面感到匱乏。但是這裡需要進一步說明。

　　宋代各地的兵器生產部門漸漸停擺，兵器工匠亦逐漸散失，臨時需要繳交武器時只好隨便抓人頂替工匠，勉強做出來的只是「形似」兵器的東西，雖可上繳湊數但完全不實用。因此，並非國家的軍器庫房裡沒有兵器，各種弓弩、甲冑和其他兵器一樣堆積如山，但是政府負責人當初也只是點收而已，完全不管它的品質是否堪用，而不堪用的武器可能比沒有武器的後果更慘。軍隊人多將少戰馬不足，實用的兵器又缺乏，幸虧宋代在仁宗階段並沒有發生大規模對外戰爭。

　　王安石仿照唐朝的作法，於 1073 年把兵器的製造交給一個新的中央政府一級單位「軍器監」來掌握，一方面等於提高兵器製造之受重視程度，另一方面也藉著新制度的推行，以打造錢幣的嚴謹態度來建立新的生產管理方法。

　　首先，王安石將全國分散各地的兵器製造廠予以合併，也就是把一些原本兼製兵器的鐵器生產單位，集中轉化為專業的兵工廠，提高各類武器製作之專業分工，以大規模集中生產的方式加速彌補國家兵器的欠缺。之前，宋代各地製造鐵器及兵器的作坊，其實混雜了許多工匠、罪犯、逃亡謀生的農民等人，頗有龍蛇雜處的味道，全無專業生產單位的氣象，而今則全由專業工匠來取代之外，同時大舉招募工匠專門致力於武器的改良。為了網羅人才，凡「天下知軍器利害者」，也隨時可以到軍器監談論自己的想法。軍器監下轄許多的場、庫、所、坊，各依其產品性質建立了品目、分工極為細膩的生產網絡，沈括一度也成為軍器監的主管。其實沈括本人在軍事、外交及管理方面也各有建樹，不僅是個科學奇才而已。面對全國的的兵器生產，沈括也以今日我們熟悉的「日報表、月報表」的方式，對生產進度抓得非常緊迫，經過一段時間的努力，竟使「戈矛弧矢甲冑刀劍之具，皆極完具，等數之積，殆不勝計」，生產出來的兵器總數已夠往後十數年的使用。不僅如此，軍器監之下有些特殊的作坊甚至還發展出世界上最早出現的煉油業務，這當然也是沈括的貢獻，而且他在《夢溪筆談》

中預言「此物後必大行於世」。

　　事實上從宋太祖開始，宋朝的皇帝對於新式武器的研發可謂興致勃勃，鼓勵民間百姓研發創新的兵器而獻給國家，御前演練得到肯定後，就收入國家府庫或由國家作坊仿製生產。就連神宗自己對於新奇的武器也頗感興趣，一度還成立了「斬馬刀局」，專門製作斬馬腳的刀交給邊將使用，但不久就自行關門了。然而就像今日社會的情況一樣，各式各樣的專利發明讓人眼花撩亂，但真正能夠「市場化」的畢竟非常有限；宋代各類新武器的發明可謂壯觀至極，能夠做到堅固、配套完整、重量輕、實用，真正可以拿到戰場上來運用者，可惜也是非常有限；這種矛盾的現象，也是一種重文輕武，設計重於實用。在這種情形下，軍器監法的政策重心顯然並不是放在武器花俏創新上，而是把武器製造的實質效果給予嚴格的審查，然後針對真正實用有效的兵器，把它的製作工法加以「標準化」而成為所謂「法式」，而後再以明確的賞罰來要求工匠依照既定的法式來進行生產，例如沈括對於弓就設了六個標準稱為「六善」，這些標準製作流程與規格也是軍事機密，不得對外傳出。換言之，王安石之改革終能使兵器得以大量生產且品質

亦佳，它的前提與其說是集中生產，毋寧說是生產流程的標準化。神宗時代總共產生了一百十卷的軍器製造標準，統稱為「熙寧法式」。由於軍器監的管理流程甚有效率，所以後來連西北諸路沿邊修城浚壕之事也歸軍器監來統轄；同樣地，連修城禦敵的工程也有一定的法式，這乃是制度改革的成果。

將兵法（置將法）

從字面上來看，禁軍的性質接近「禁衛軍」或御林軍，原本應該是保衛皇室安全的專責部隊，但自從唐代中期地方藩鎮日漸割據之後，相對於各地藩閥的軍隊，禁軍之名逐漸就代表中央政府的軍隊，不限於皇室的衛隊。宋代的禁軍規模龐大，單從《水滸傳》裡林沖號稱是「八十萬禁軍槍棒總教頭」可以想見，但事實上禁軍總數在林沖的徽宗時代還不是最多的，禁軍最高峰是在神宗之前，總數高達一百多萬，其他少數特別兵種不計，單單禁軍的開銷就足以讓一個以農業社會為基礎的傳統國家吃不消。不過這樣的說法也不夠精確，因為宋代國家財政收入除了來自農業生產的稅賦外，也有來自於「商業」活動的龐大稅收。然而此謂之商業，也並不全然是

民間社會自由買賣而產生的所得稅或其他相關稅收；因為宋代的國營專賣領域非常之廣泛，而此時的專賣，實為官商一體的共同行為，國家分別在許多貨品之權利、生產、運輸和銷售上取得相當高的收入。只是這些收入加總起來，還是抵不住軍隊和官僚體系的支出膨脹；更遺憾的是，由國家財政極高比例所支撐的龐大軍隊，戰力竟然還是很虛弱。王安石其他的軍事改革都在厚實軍事動員的後勤基礎，唯獨 1074 年推動的將兵法是企圖直接在軍隊戰力上有所提升。

事實上在前朝仁宗的時代政府也曾經一度希望減少軍隊的數量來節省國家的開支，消息傳出，當年還在當縣長的王安石就表示反對，因為當時禁軍「以眾亢彼寡，雖危猶幸全」，單只裁減兵員而沒有其他配套措施的協力彌補，反而不利於國防。至於配套措施在那裡？王安石當年就表示「擇將付以職，省兵果有年」，「將」的問題先解決之後才有討論省兵的時機，這也說明了將兵法的整套作為其實在王安石心中早已埋藏許久。此時，裁軍的時機終於到了。

裁軍的第一步，就是淘汰老弱殘兵。禁軍之中，年齡超過四十五歲的直接剔除，身高、體能不合格的裁退

至廂軍，不堪擔任廂軍的裁為平民，而保甲系統中體能較佳者則鼓勵進入軍隊。裁軍的第二步則是精簡整併，一方面把禁軍的「廂、軍、營、都」四個層級的編制改為「將、部、隊」三級，另一方面則是進行部隊的合併。禁軍舊制中最基層的戰術單位是營，一個營平均大約有 300 人上下，而此時裁併的基本單位也是營，例如陝西路的馬步軍營本來有 327 個營，簡併之後剩下 227 個營，一口氣就省掉 100 個營。大舉淘汰與整併的結果，最後禁、廂軍總數從 110 萬下降到 56 萬人（神宗後期略增至 61 萬），總人數減少一半，軍事支出馬上大幅減少。

　　不過，此時軍費的減少也並非完全來自於兵額總數的減少。禁軍本身重大的缺失之一就是名實不符，兵員死亡或發生逃兵，往往不會從兵冊上減去，因為員額即是俸額，所以「吃空缺」的現象早已存在，不在乎有額無兵的假象會不會影響軍事佈署的理性計算。王安石裁軍和整併之過程，其實也同步在查核各單位的虛實，剔去空額進行合併而大幅減少支出，反而顯出之前禁軍內部問題之何等嚴重。此時為了便於清查禁軍之真實員額，王安石刻意把原來的四級編制加以打破，藉由新的三級編制、新的計量方式重新整隊，順勢清點人數而使

名實相符；這個策略的精神，和方田均稅法很類似。

　　有人認為王安石進行了中國歷史上最大規模的單次和平裁軍，這種魄力當然已屬少見。不過，王安石此時的大舉裁軍，在客觀條件上卻是有利的。正規軍的數量雖然明顯減少，然而保甲法早在四年之前已開始推行，後備動員的補充力量已建立起不錯的基礎，自「國家總動員」的現代角度來看，此時才可以減少正規軍的總數而不致影響到國家的整體軍事力量。再者，無論幸與不幸，王安石的順利裁軍也是拜宋朝強幹弱枝、重文輕武的政治傳統所賜，各部軍隊「軍不知將、將不知兵」的結果，遭到裁減的部隊無由訴諸某種集體的力量而進行抵制。如果宋朝此時已是藩鎮割據的局面，則裁軍無異內戰。

　　另外值得一提的是，古代中國的罪犯往往被強迫黥面刺青，以作為一種羞辱與警惕，而自唐朝末年開始，這樣的規定竟開始落在一般士兵身上，手臂和臉部的刺青非常顯眼，目的在防止逃兵，宋朝的士兵也不例外。王安石向來反對士兵必須強迫刺青，剛好利用這次的改革一舉廢除了這項羞辱人性的陋規。廢止刺青的政策，後來隨著王安石下台而湮滅，雖曇花一現但意義非凡。

　　王安石的將兵法也稱為置將法。宋代特別留心防範地方將領的擁兵自重，所以禁軍平時已經沒有固定將領來長期指揮，而且禁軍定期輪調各地駐防，兵將之間相處關係短暫，不只作戰的時候上下陌生而指揮不順，而且更致命的後果是，因為將領統兵時間不長即行調職，成效與責任模糊難判，所以導致平時的訓練也就各憑良心。事實上禁軍當中也不乏精銳，某些部隊的身高要求幾達一百八十公分，但若缺乏嚴格的軍事訓練，軍容壯盛也不過唬人，難免開高走低。

　　王安石把禁軍的垂直關係調整為「將、部、隊」三層，縮短部隊指揮管理的幅度。新的編制以 25 人為一隊，125 人為一部，但是一將的兵額就不固定了，大約在 3 千人到 1 萬人之間，依駐地的軍事敏感程度而定。接著王安石又調整了全國的軍事佈署，在全國各路共配設了 92 個將，北方各路較東南地區更密集，單單首都地區就配置了 37 將，防備遼國之動機昭然，西北地區的軍力又更強，明顯衝著西夏而來。與過去不同的是，此時每個將都是選任而來，長期擔任指揮官（正將）或副將，同時配置專責的訓練官；而每一將之將官的挑選，則是以「嘗經陣戰」的大臣優先，因為這樣的將官才知道真

正實用的訓練之道。凡是實施將兵法的地方，將的指揮官都有實質的兵權，不受其他文官的節制。於是，「將」既是一個戰略單位，同時這個單位的「將」領也是實質被授權的指揮官；固定了將官之後，部隊訓練成果的檢討與賞罰，才有無可迴避的依據。為了使駐地訓練的進行得以持續考核，王安石也暫停了禁軍的輪調更戍。此外，新的禁軍雖然編配在不同的防區接受不同的節制，但除了其他部隊（如馬軍等）外，將的番號是全國一貫的，從第一將、第二將連續至第九十二將，而非以地方名稱或歷史傳承等其他考慮來命名（如神勇軍、虎翼軍等），也契合現代的做法。

　　將兵法的實施，帶動了整個軍隊風氣的改變。軍功再度漸漸成為值得肯定的成就，在神宗面前秀出精良武藝，馬上就可以得到官職；雖然軍隊數量大幅裁減，但這是「汰弱留強」的篩選結果，現役軍人的榮譽感也油然而生。除了戰馬的培養一時還沒有效果之外，宋軍此刻已獲得量足質精的兵器，各單位的訓練也日夜兩班按表操練，全國軍事佈署的大調整也顯現國家戰略之積極企圖，結果則是宋軍一改頹廢，氣象一新而士氣大振，這恐怕是宋朝開國以來軍事武力的最巔峰狀態。不過，

若說宋軍此時已經成為一支勁旅，則恐怕也言過其實，因為素質的徹底翻轉需要一段時間，然而歷史並沒有留給王安石多少時間。在爾後對抗西夏的幾次戰役中，宋軍因為諸多條件的改善而不像過去那麼懼戰，至少已經是一股具備主動出擊能力的軍事力量，整體來看只是止跌回升的開始而已。

哲宗繼位之後，司馬光廢除各項新法，但是在罷除各路將官方面則受到激烈的反對。司馬光之前也主張軍事改革，他的重點也是「擇將帥而修軍政」，認為如果缺乏熟知戰陣的將領，則國家形同「開門揖盜，以肉餒虎」，同時也肯定「養兵之術，務精不務多」，甚至強調選兵的官員要到招募現場去實地監督，以免濫竽充數。雖然這些看法距離一般常識其實也不遠，但總歸也算是關心國家的大事。然而此時司馬光反對將兵法的理由卻是，一則在京城的禁軍自幼生長於京師「親姻聯布、安居樂業」，不宜隨便將之調整；更何況這些被淘汰的兵員本身也「別無罪負」（沒犯什麼錯誤），只因老弱而遭到裁撤則「於人情未安」；再者，「年四十五，未為衰老」，或許稍有一點老化的徵兆但也「尚任征役」。三者，禁軍的更戍及原有制度乃是宋朝的「祖宗家法」，

任何變更絕不能超越這樣的體制。就大處來看，司馬光的態度乃是時代的典型，反映出大部分宋代儒官的意識型態已經把中國社會之「情、理、法」的順序位階給鞏固了，任何制度的安排都不許違逆這般的階序。

雖然置將法最後還是保留了下來，但中央政府周整位置已無心經營。日後，各路之將的數量大幅增加，但兵的缺額又無力增補，缺乏整體的規劃與配套，宋軍好不容易止跌回升的戰鬥力，又漸漸利多出盡了。

寄語讀書人 呶呶非勝處

第六章 教育變法

　　要理解王安石的教育改革，必須先回到王安石自身
的思考之中。王安石以孟子為宗師，孟子的心性之學以
「求其放心」（找回放失的良知）為起點，人乃是道德
主體（例如惻隱之心人皆有之），一旦建立了這般的道
德自我與自信，讀書的時候心中自有主宰，則不僅六經
皆我注腳，而且諸子百家也皆我注腳，所以王安石膽敢
無書不讀，但也不為儒家經書某些字面狹義所束縛。正
因為胸中自有一把尺，讀書人才不致於死讀書，一如王
安石強調「非禮勿聽，非謂掩耳而避之；天下之物，不
足以亂吾之聰也。非禮勿視，非謂閉目不見；天下之物，
不足以亂吾之明也」。此時，非禮勿聽、非禮勿視並非
由外而內、強加而來的教條與權威，教條與權威只讓人

不敢動彈而已，與內心的篤定自主無關。正因為道德主
體在於人，而人生活於具體的社會中，只要掌握的最根
本的良知心性，則人同此心、心同此理，一如他反覆強
調只要師法先王的「本意」則可以遇事權變而不離其宗。
「聖賢之言行有所同，而有所不必同，不可以一端求也；
同者道也，不同者跡也」。不知權變（跡）而務本（道），
只知一昧模仿表面上的傳統，反倒「則是所同者跡也，
所不同者道也」。

　　王安石以孟子的立場出發，而對於主張性惡的荀子
和主張無為的老子各有微詞，批評荀子知人而不知天，
老子知天而不知人，而世間的「禮」才是天人合一的綜
合表現；他說「禮始于天而成於人，知天而不知人則野，
知人而不知天則偽」。正統儒家若堅持守成一切不變則
反而瀰漫無為的味道，而與眼中無端生事的王安石恰成
對比；王安石認為老子「抵去禮樂刑政而唯道之稱焉，
是不察於理而務高之過矣。夫道之自然者又何預（指何
以落實）乎？唯其涉於形器（人間具體事物），是以必
待於人之言也，人之為也」。當初司馬光不察，竟拿老
子來規勸王安石，殊不知王安石以老子為戒，回答說如
果閣下「責我以在位久，未能助上大有為以膏澤斯民，

則某知罪矣。如曰今日當一切不事事，守前所為而已，則非某之所敢知」。這裡反映出兩人在哲學立場上雞同鴨講，王安石不僅不輕視禮樂刑政，反而認為只有通過禮樂刑政而力行苦幹、有所事事，才能夠落實「先王之本意」之外，也是對自己的良心有個交代，在這樣的邏輯下說到底，才是讀書人之「為己，學者之本」。因此王安石致力於禮樂刑政的興革，並不宜單獨視為「法家」或者因其強調理財而視為「唯物」，賀麟反而認為王安石的哲學基礎根本是「唯心」，而且在當時無為守成的保守氣候下，王安石甚至可謂「儒家的左派」。

　　從北宋開始出現了後世所稱的宋明理學，這是中國學術思想上一段腦力激盪時期，也是影響深遠的重要發展。宋明理學可分為許多脈絡，各學派對於「心、性、理、氣、情、才」等核心概念做了非常複雜的區辨與分析，自某方面而言也算中國思想往「哲學化」（以西方的哲學分析為標準）方向推進了一大步，但是這種以智識取向為重的發展趨勢也可能陷入兩種風險，一是道德主體（人）的邊緣化，一是道德原則之表面崇高化，而實質僵硬化。王安石基本上反對這種支離破碎的學術風氣，主張「性（內）情（外）一也」，認為人不可能離

開情而空談性，更反對抹煞情感的禁欲主義，所以他說「如其廢情，則性雖善，何以自明哉？誠如今論者之說，則是若木石者尚矣」。王安石與宋明理學的主流是對立的，思維立場反而與宋明理學當中的非主流，例如陸九淵、王陽明等較為接近。陸九淵直接追溯於孟子，要求做人須「先立其大」，也就是把最重要、最根本的良知給鞏固住，「若某則不識一字，亦須還我堂堂地做個人」，事理簡易直截，而不像「今人略有些氣焰者，多只是附物（依賴智識外力之加持），原非自立也」。喜歡談「知識」、談「學問」的人，最容易堅持己見而以為真理，所以陸九淵評論說「愚不肖者之敝，在於物欲；賢者之敝，在於意見」。由於陸九淵不重視「書」而重視「人」（蔡仁厚評），所以對於政治與政策的關切也更為務實，而且這種關切也是從「本心」上直接流露出來，因而在許多方面與王安石是相契的。

　　正因為人性和禮樂刑政是體用為一，而考試領導讀書之科舉制度又是推助人性進而影響禮樂刑政的重要手段，所以自然是王安石教育改革首先鎖定的目標。

　　科舉制度是由國家開設科目讓讀書人自由報考，並且以考試成績來選拔官員的一種考試制度，從隋朝開始

舉行而結束於清朝末年，前後運作了 1300 多年。在人類大部分歷史上，全世界主要文明都不知道如何通過相對客觀的辦法來選拔人力，因而科舉制度的早熟與發展自有它的可貴之處。

科舉制度發展到宋朝才算完備，而它的主體乃是定期舉行的貢舉（「貢」字通功名的「功」），所以貢舉也被稱為「常科」。但是在定期的經常考試之外還有一些不定期舉行的考試，以求適時補充相關的人才，它們首先包括了「制舉」（又稱「特科」）。制舉是由皇帝就特殊的科目下詔進行臨時考試，它的前身是皇帝針對特殊議題召見特定高人，當面對話而考驗其見識之後加以任官，後來這種方式收入考試制度的常軌；例如蘇軾的入仕就是參加「賢良方正能直言極諫科」的制舉考試。

武舉是為了選拔軍事人才而設，考試科目包括刀劍、舉重、騎射等武術測驗，而考生的身形是否足夠魁武也是重點，畢竟他們將來都是帶兵的將官，雖然身形和領導能力是否優越其實並沒有關聯。由於考試方式與性質的不同，武舉考試比較不容易作弊，但武狀元也確實比較不受社會重視。不過，宋代武舉考試最大的特色是，除了術科之外，它也加入學科考試，例如加考孫子

兵法等戰略性質的兵書，讓武將也具備基本的軍事理論。軍事力量非常虛弱的宋代，軍事理論的發展卻反而顯眼，這也是歷史的弔詭。此外，不定期的科考還包括童子科。

童子科是為十五歲以下能頌讀經書、吟詩作賦的少年而設，讓一些聰慧少年能及早脫穎而出，通過考驗的少年也能授予官職。但是一般而言，兒童或少年人背誦經書只是一種特別的、甚至只是一時的興趣與能力，除去極少數例外，一般通過童子科的少年在成年之後多半沒甚麼大作為。例如王安石就曾寫過一篇感嘆文章，提到五歲就能提筆寫詩的方仲永在鄉里間已傳為天才兒童，王安石後來終於見到了當時已經廿三歲的方仲永本人，這時方仲永寫的詩已經無甚可觀；七年之後王安石又見到他，這時他寫的詩則已「泯然眾人矣」，水準一般而已。王安石對此感觸甚深，認為「仲永之通悟，受之於天」，最後卻「卒之於眾人」，那是因為仲永後來沒有「受於人」（繼續接受後天的教育啟蒙）的原故，明顯流露出王安石對「受於人」之學校教育的重視與期待。

不過，科舉制度中取士數量最多、影響也最大的，則是按常規定期舉行的貢舉。理論上說來，教育改革才

應該是王安石變法的最優先項目，因為新政新法急需新人與新觀念來執行；如今新政已經上路，往後的路途還很長遠，必須加速新的取才方式吸引新人進入新政府逐漸取代原有的官員。

改革貢舉法

貢舉考試的各科，隨著時代不同而變化頗大，在唐代原則上至少有七個主科，但是取才的大宗乃在明經與進士兩科。宋代繼承唐代的制度，也是以明經、進士及其他諸科來分科考試。1071 年王安石對貢舉進行改革，首先就廢除明經及諸科，取才途徑單獨只維持進士一科。事實上明經和進士的考試內容是有些重覆的，明經科偏重於傳統經書的「帖經」和「墨義」，進士科則是在明經科的要求之上再加考詩賦。熟讀經書和註解不一定很困難，端看讀書人願不願意花上足夠的時間，但是詩賦的寫作就需要一點文學天份了，基本上是勉強不來的，因此進士科的及第遠比明經科更難，及第者也更加光宗耀祖。然而，所謂的帖經就是把經書任選一段，將原文中某一兩行遮住幾個字，讓考生來「填充」；而墨義就是簡單的問答題，引導考生把某經書的某段文字默

寫下來；這樣的考試方式強化了讀書人的背誦能力，同時也限制了讀書人的思考方式。另一方面，詩賦文采固然能夠彰顯文學之美，語言的邏輯也是為人處事的溝通能力之一，然而文學能力恐怕與真正處理公事的能力終究有些隔閡，所以王安石決定廢止這樣的考試方式而另闢一條新路。

針對政府取才的主力進士科，王安石大幅調整進它的考試科目，廢除經書、詩賦而改考具體政策之議論，簡稱「策論」。考試方式與出題方向的大轉彎，對於天下各個角落正在寒窗苦讀的考生而言，宛如晴天霹靂；此刻王安時若遭天下書生搥桌罵翻，也不意外。策論考試分為兩類，一是治道得失、生民利病之具體問答，稱為實務策，另一則是從經書當中引申或詮釋其政策原則，稱為經史策。為了藉由考試來選拔、或培養真正能夠經世致用的人才，而今進士科要考的「教科書」是所謂「本經」、《論語》和《孟子》、論（治道方面）、策（時政評議方面），共計四個場次；考生要從《詩經》、《尚書》、《易經》、《周禮》、《禮記》當中選擇一本經書作為本經來應考，但是無論本經或其他兼經（論語孟子等），都不再是考驗記憶背誦的能力，而是考其

「大義」，也就是要考生明白說出經書的基本義理，再以基本義理靈活運用於時政。雖然如此，關於政策的議論也不能天馬行空自創一格，考生仍然必須引述（默寫）古典經書的原文來做為依據（或至少作為裝飾）方有高分的可能，因此考試方式雖然有所改變，但是斷裂當中仍見連續。

只以進士一科取士，以及必考實務策以觀察考生讀書應用的能力，這兩個改變從王安石之後一直延續到清末科舉制度的終結，影響至為深遠。哲宗繼位之後司馬光罷盡新法，但是對於新法中科舉制度的改革則基本上仍然保留。事實上在神宗之前諸多官員對於「帖經」「墨義」的刻版作答方式早已滿腹怨言，只是找不到改弦更張的機會而已，而今「壞人」已由王安石來當，大家也都偷偷鬆一口氣。不過，保留新的考試方式不代表「題庫」仍然不變，司馬光此時也調整了應考的書目。之前王安石編寫的《三經新義》乃是官方欽定考試用書，但它較為強調「外王」而不強調「內聖」，這個取向其實也有利於神宗的推行新政。司馬光不僅取消它的考試用書地位，而且還把它列為禁書。

在科舉制度的改革中，王安石雖然廢止了進士科之

外的科考，但還是特別保留、並改革了一個冷門的科別，「明法科」。現代國家的政府行政是以法治或法制為基礎，但人類大部分的歷史都不是「現代」。明法科意在培養一批通曉法律的專業人才，從唐朝開始就屬於常科之一，但也一直沒有受到社會及朝廷的重視，有時候甚至會出現考生不足的現象，因此明法科的考選工作實際上時辦時停，直到王安石變法時期才終於走到了它最輝煌的頂峰。雖然如此，這也無法深刻改變當時朝野對明法科登科人員的不信任，畢竟主流的儒家向來看不起法家，所以明法科也被鄙為科舉考試中的「雜科」，甚至最下科。

　　王安石之所以重視明法科，最直接的原因，是因為他認為司法案件的審理乃是政府與人民每天接觸的介面，同時也是人民日常生活之備感冤苦的來源之一，因此對於法令的理解以及審案調查工作的專業化非但不可廢棄，同時更應該設法拉高水平。王安石廢除其他諸科的考試而只保留進士科，而進士科的錄取率又不高，這裡也埋有誘使其他考生投考明法科而擴充國家專業法律人才的用意。宋代明法科的考試，原本分為本經（當時的國家律令）及兼經（論語、易經、商書等），但是王

安石急於加速司法人才的專業化，不再把兼經列入考試項目，而是增加調察斷案所需要的相關知識，因此這個階段的明法科，在整個精神氣象上完全不同於過去的舊明法科，而王安石也希望藉著新明法科來拉抬一般官員對於國家律令的重視，不能只依賴若干抽象的道德綱常來運作國事。

然而，司馬光則以朝廷帶頭提倡「重法」之風來反對新法，他相信天下人熟背經書自能謹守道德，反而是處處講究「笞、杖、徒、流、死」則必生殘忍之心，不利於敦厚德行之養成。意識形態之爭，雙方都很輕易強調自身的「理想」（極美之處）而專注批評他方的「現實」（極醜之處），而忽略真實世界的美醜合一。

儘管如此，王安石的用心也並沒有引起太明顯的回饋。過去，由於作為考試用書的各種經典都已齊備，考前也有許多「考古題」可供模擬作答，應考起來在心理上也早有適應。然而「斷案」一事，宋代並無太多的參考書可供準備，同時又取消考生原本就熟悉之傳統經書的考試，此科對於考生的心理衝擊甚大，應考者一時並無明顯增加。況且，取消傳統儒家經典的考試當然引發朝中大臣的強烈反彈，儒法之爭立刻又搬上檯面，神宗

雖然支持新明法科的專業考選方式，但哲宗即位之後不僅恢復原有的考試型態，而且更將明法科的錄取名額減半。

太學三舍法

歷代由國家所設立最高學府之名稱不一，暫此統稱為太學，它一方面培養中央政府所需要的特殊專才（例如整理國家檔案等），另一方面也作為全國各地學校的管理機構，在中國的發展歷史相當的久遠。唐朝雖有太學制度，但是號稱在制度上追隨唐朝的宋朝卻要等到仁宗的階段才正式設立了太學，讓官員的子弟及優秀的庶人可以入學就讀，這些學生以今天的名詞來形容就是公費生。除了太學之外，中央政府所設其他的「中央官學」還包括國子監（下轄不同單位培養醫術、算學、法律等專門技術的官員子弟）或專門教育皇族子弟的學校等。這些林林總總的中央官學，雖然屬於特別的教育管道，但也不能繞越科舉考試而取得正式的功名。同時，也正由於太學生終究還是得依照科舉考試的項目來應考，所以這些學校自身的特定功能也不能完全發揮，翹課的情形非常嚴重，就算硬性規定太學生必須上課滿幾百小時

之後才能參加科舉考試，但終究也無法改變太學生的敷衍風氣。太學要如何經營才能發揮功效呢？王安石把改革的焦點移向這裡。

　　王安石的做法是，他首先擴充了太學生的名額，然後將太學生依照今日「班級」的概念安排課程，一個「齋」（班）大約 30 人。不過最關鍵的改變是，王安石將太學生給等級化，區分為上舍生、內舍生和外舍生。初入太學的太學生為外舍生，定額是 2000 人。太學生在學期間要經過平時考、段考及（年度）期末考，經過成績和品德的檢驗後，外舍生可以升級為內舍生，內舍生總額定在 300 人，錄取門檻非常嚴格。內舍生品學兼優而通過檢驗則升級為上舍生，上舍生名額限制為 100 人。而對上舍生而言，功名就等於近在眼前了。態度馬虎的太學生遲遲無法通過學校考試，當然也不妨礙他回頭參加科舉考試的權利。但是由於學校本身打破了單純講課的靜態，到如今不僅開始施以考績，同時也具備了篩選人才的功能，太學生的態度立刻就認真起來。

　　上舍生雖已一路過關斬將，但還是要面臨一連串的考試，再依據考試結果，最優者可直接授予官職，其他優異不等者，或者免除「解試」（地方州府的考試而可

解送京城）直接參加「省試」（尚書省辦理的中央級複試），或者免除省試而直接參加「殿試」。考生之所以具有這樣的特權，乃是因為學校本身已經形成一道標準頗高的考選機制。王安石此時把有名無實的太學轉型成為整個選官制度的一環，部分地取代科舉考試的育才功能，其實也等於把學校制度融入取才考試的大軌道，提昇國家對於學校教育的重視。很快的，讀書人開始競相擠入太學。

除了平時的課程與科舉考試完全相同之外，太學的名師在授課之餘也會帶來一些考試命題方面的「最新消息」，同儕競爭也比單獨埋首讀書更具激勵作用，這些都是學生競爭進入太學的極大誘因。

除了太學之外，王安石也在京師設立或強化了其他的官學，分別是武術學校（教授兵法、歷代用兵成敗、騎射等，名額一百人）、律學、和醫學（分為針灸、創傷等科，民間醫師亦可報考）方面的專門學校，以培養實用的專才。其中律學的部分並沒有定額，入學後的課程分為兩大類，一是法律，一是斷案，學生一律要參加結業考試，成績優異者直接任命為法律官員；同時王安石認為「今之典獄者未嘗學獄」，所以律學的成員還包

括現職官員在此受訓，神宗後來也下令科考及第者必先學律，之後才能正式授官。計算整個宋代有關法律刑書方面的著作，竟高達 221 部 7955 卷，比其他任何朝代都多，應是此一變法改革感染的結果。

由於中央官學快速發展的刺激，地方的官學也陸續得到重視。

太學三舍法其實是一個創新的嘗試，以領頭羊的姿態帶動一波設立學校的風潮，其長遠目標是希望以學校體系來取代科舉考試，因此除了中央政府之外，地方也開始紛紛設立縣學與州學。地方的官學並非始於神宗，但是之前的地方學校多半屬於自生自滅的狀態，端看地方官員個人態度積極與否，當然辦學經費有無著落也很關鍵。此一時期，反而是各地私人興辦而政府賜匾（並間接控制）的書院（如白鹿洞書院等）盛極一時。神宗下令各州都必須設立官學，而且規定須以一定的農田收益作為州學的固定經費來源，州縣官學才開始產生積極的面貌；此後，入學競爭的現象開始出現，州學畢業生當中，成績優異者可升入太學，前程軌道益見清楚，此時地方官學的興盛反而造成私人書院發展的停頓，這個趨勢要到南宋階段才倒反過來。神宗的繼位者哲宗 23

歲就早逝，再後來的徽宗一度甚至停辦解試和省試，完全按三舍法來取士。其實也不只官學，在最基層鄉塾村校的發展也跟著非常蓬勃。總的來說，學校與科舉制度之間的關係雖然不時改變，但是王安石把學校教育拉抬到一個非常鮮明的高度，一段時間之後太學生本身竟然也產生了集體意識，甚至引發學潮而群起攻擊王安石下台之後由神宗持續推行的新政，似為中國首見之學生運動；對王安石而言，這樣的後果固然苦澀，但也算是他的成功。

王安石希望藉著教育改革而培養出一批觀念與他較為接近的年輕官員，不斷投入到新政大業中而使之永續經營。然而，一方面由於新的教育方式實施時間不夠長久而王安石已經下台，二方面是新科進士在王安石下台後也很難突破守舊派官員的集體封殺，所以一直到神宗逝世，這一批「生力軍」始終沒有能夠成為神宗繼續推動新法的骨幹。

誰似浮雲知進退

第七章 落 幕

　　王安石在 1074 年辭罷宰相的職務，辭呈前後上了六次，辭意是很堅定的；新法大致已站穩腳步，無論神宗的心意如何，他知道自己該是離開的時候了。此時王安石擔任國家重臣已經六年，紮紮實實辛苦工作了六年，而且依他自己的見解，「據勢重而任事久，有盈滿（思慮已至極限）之憂；意氣衰而精力弊，有曠失（工作失職）之懼。歷觀前世大臣，如此而不知自弛（自請辭職），乃能終不累國者，蓋未有也」。國家重臣王安石只擔任六年就有這樣的警覺，而其他擔任十數年甚至數十年者，看法可能不同。

　　新政移交呂惠卿來接任，但是面對朝中一時士氣大振的洶洶反對者，呂惠卿不只難於應付，而且他自己獨

創的新政項目連遠在江寧的王安石也覺得非常欠妥，神宗隔年又把王安石請回宮中再度掛相。來京途中，王安石寫下詩句「春風又綠江南岸，明月何時照我還」，顯然壯志已漸闌珊。神宗把「新黨大老」請回宮，順勢罷免了呂惠卿的相職，等於是拿王安石來擺平自己人，也把內部出現分裂的新黨加以整頓，半年後情勢稍微穩定。可是，原來的新政團隊對於王安石的觀感也漸漸產生改變，認為王安石回鍋重任宰相只是想把持權力不放給後進。複雜的形勢今非昔比，王安石也心知肚明。半年後再度請辭，離開之後就再沒有回來了。此後神宗一人把新法力扛到底，也象徵新法並非「王安石的」新法，而是「神宗皇帝的」治國大策。這時的王安石已經 55歲，以當時宋人的標準已經算是十分老邁，況且王安石本人在第一次辭相後確實身心快速衰弱，加上心愛的兒子此時竟先他而離世，王安石感到身心俱疲。這半年期間，王安石曾向神宗坦承自己「用人而過矣，固不免於敗才」，對於新政用人之失感到遺憾；另一份文書則表明自己的心跡：「怨怒實積於親貴之尤，險陂常出於交游之厚」，後者是指王安石長期共事（交游之厚）的新政官員，在他第一次罷相之後竟然辜負了他的信任，而

前者是指反對新法的不只有朝中高官，還包括皇親貴族，甚至包括當朝的太后，神宗的母親（親貴之尤），她才是反新法集團的真正王牌。而今「事已試而可知，力弗能而當止」，對於自己的去留，想由他自己來決定。

「太后政治」是中國傳統政治的幕後，但幕後也是戲劇的一幕。由於「修身、齊家、治國、平天下」的道理被認為是先後一貫的，從「孝悌」修身做起，統治者本身必須是個孝子，然後才有資格當國君；天子在廟堂之上是個皇帝，回到家裡就是個孝子，此即太后干政的倫理依據。因此，皇帝的政策也必須要取得母親的欣然同意，否則傷了母子之間的和諧，不只傳聞出去也不好聽，更何況母親也不只一個兒子，抓緊皇帝與太后的特殊關係也有利於消弭其他親王的伺機覬覦。在國法和家法的重疊下，神宗的母親高太后實為反對王安石新法的內廷共主，神宗承受極大的壓力。

神宗是個抗壓性很強的皇帝，在世期間從熙寧二年到元豐八年（1069-1085）都在積極推動新法，前六年的時間有王安石輔政，後面十一年都是神宗本人獨自操盤，新政總共推動了十七年，不算很短的時間，每一年都很辛苦。制置三司條例司剛剛成立的時候，神宗就收

到一份彈劾王安石的奏章，批評王安石「大姦似忠、大詐似信」，「外示樸野、中藏巧詐」等，屬於人身攻擊的文學上品而非政策辯論，神宗明快地把提出這份彈劾的官員貶出朝廷。不過，人身攻擊比政策辯論更簡單，也更能發揮文人之所長，於是神宗開始面對一連串的筆墨壓力，連宋朝向來是由「北方人」執掌國政而王安石是狡詐的「南方人」等，都能成為朝野論辯的八卦。因為政策觀點不同而自願、或被迫離開中央政府的官員，也隨即開始從四面八方發揮文字及圖像專長（如《流民圖》呈現災民因新政而流離失所流民、身背鎖械，或口食草根的畫面），痛斥王安石「排斥異己」、「紊亂朝政」，並強調王安石後來終於罷相而「被神宗厭棄」等等，形成以正統儒家為中心觀點的評價網絡，並以各種形式的《辨姦論》徹底打擊王安石的形象，彷彿集體復仇一般。

筆墨政治之最「經典」的策略，是反對王安石的集團很精采地替對手封加形象定位，這樣的定位表現在「天變不足懼、祖宗不足法、人言不足恤」這三句口號上，甚合一般文人的胃口，頓時形成行銷天下的文宣利器。這三句話並非出自王安石之口，但無論他內心對於天

變、祖宗、人言的態度為何,這三句加油添醋之後的聳動標語一旦「替」王安石說出口,或者直接強調這是王安石所說,它立即成為王安石的「標籤」,就遠撕不下來。當司馬光主持考試時,甚至把這樣的題目讓考生發揮,以強化它的傳播影響力。這些文墨反撲,出於「天下人悠悠之眾口」,神宗與王安石都無法阻擋。

神宗是宋人,無論他在思想意識上如何超邁,皇帝更必須是宋人,這是他比王安石更受拘束的無奈之處。當社會上出現水旱天災,或者出現天鳴地震,反對新法者立刻以災異天譴說來提醒皇帝的施政錯誤。雖然王安石以水旱現象「堯湯所不免」來試圖寬慰,但神宗其實多少已受到影響。災異說在中國可謂源遠流長,先秦的《春秋》就充滿許多把天象和人事緊扣在一起的例子,所以王安石並沒有把《春秋》列入科舉考試的書目,倒是反對新法的儒學正宗卻堅持其思想淵源正來自《春秋》。熙寧八年(1075)十月間,尾巴拖得很長的彗星閃亮亮地掃過天空,這可是上天給人間極嚴重的警告,馬上成為新政及神宗挨轟的藉口,大臣的奏章旋即洶湧遞上:「天之有彗,以除穢也⋯⋯願陛下以知人安民為先,除穢布新以答天戒」。雖然王安石向來主張天變無窮,

人事與之「不無偶合」而已，但是在太后的哭訴及文武百官的哭號下，最後神宗也不得不下詔罪己，自己減少進食而公開「求直言」；這一「求直言」，在氣勢上就垮了。

在天人夾攻的挨打處境下，神宗自己對於新法的堅持似乎也產生過一些動搖，但隨即又昂首堅挺下去，無論王安石在不在身邊。來自傳統而欲突破傳統，豈料這鋪天蓋地而來之傳統的反撲，讓神宗招架得很辛苦，但是他招架到人生的最後一刻。即便有王安石的輔政，神宗也從來不是一個只「交代」事情而已的皇帝。新政的規劃、實施與檢討，神宗本人就是個努力用功的參與者，這也是他後來能夠獨立操盤新政十一年的原因。王者倚安石而不以石安，可惜神宗的魄力與努力完全被「正史」低估。

後人對於王安石的惡評，最強烈的莫過說他是「古今第一小人」，而神宗也連帶成了「昏惑」之君。俗云盡信書不如無書，然而對於大部分的讀書人而言，盡信書乃是最簡單的生活方式，也是最簡單的謀生方式。然而歷史與政治，從來就不簡單。

神宗於 1085 年逝世，繼位的哲宗年僅 10 歲，高太

后立時變成了「太皇太后」，從皇帝的母親變成皇帝的
祖母，也成為一國朝政的真正主持者。高太皇太后迎回
司馬光擔當宰相，司馬光立刻就罷廢了全部新法，而且
大舉驅貶過去執行新法的官員；但非常奇妙的是，此時
朝中有些持重謀國的、原來也激烈反對新法的大臣，反
而覺得司馬光的做法同樣也不適當。黨派之爭是一回
事，但新政推行至今已經了十七年，某種程度也不能算
是「新」政了，就算一開始在技術上確實有些問題，但
神宗後期已經陸續修正，新政已經從「理性決策」模式
逐漸進入「漸進調適」模式，實際上也並沒有出現反對
派當時「預測」的那般天崩地裂，況且有些新政在熙寧
之後的元豐時期確實也取得了部分成功，即便對王安石
甚不友善的《宋史》也記載著「熙寧、元豐之間，中外
府庫，無不充衍」，地方政府的情形也不壞，「小邑歲
積錢米，亦不減二十萬」，國家財政確實也在持續好轉
中，神宗在元豐元年（1080）竟然可以開始調高公務員
的薪水，對比神宗上任之初的國庫空虛，差別非常可觀。
國家重大政策的連續性，在一定程度內是有其必要的，
所以有些大臣重施當初反對王安石的故技，搬出祖宗家
法，希望宰相司馬光依照傳統至少三年不改於前朝的政

策。這一招過去用來對付神宗非常有效，但司馬光本人對於這一招早有準備。司馬光強硬主張此時罷廢所有的新法並不是「以子改父」，而是「以母改子」，是高太皇太后改掉她兒子的政策，完全符合祖宗家法。朝中異見難容，就算反新法集團的內部也是一樣。高太皇太后過世後，哲宗親自主持朝政，天平又偏向新法的這一邊，但整個後來的宋代只徒然陷入黨派互鬥的循環，居於儒學主流之文壇巨匠們只於概念上爭執搬演，於國家之具體政策方面皆了無新意。國家重大政策的反覆與行政人事的瞬間整批替換，對政治體系本身已經造成嚴重內傷。

「高門萬馬散，窮巷一燈深」，王安石辭罷相職之後返回金陵（今日的南京地區），在山邊蓋了一間簡單的房舍，把餘生都奉獻給學術研究，閒來騎著神宗所賜的馬尋訪山水名勝。馬匹死亡之後，親友建議他可以乘坐人力轎子繼續他的休閒生活，但王安石極力反對，堅持「以人代畜」是不對的事情，所以他改為騎驢代步。這一時期，王安石寫了許多遊記，也藉著寫景而暗喻他自己的冒險事業，例如《遊褒禪山記》就說「夫夷（平緩）以近，則遊者眾；險以遠，則至者少。而世之奇偉瑰怪非常之觀，常在於險遠，而人之所罕至焉」。同時

王安石自幼對於佛經就素有心得，此時可用時間已多，王安石自然也加緊對於佛經的研讀。宋代的學術氣氛常以研讀佛書是敗亂風俗、汙染經義的事情，王安石對此非常不以為然，認為「方今亂俗不在於佛，乃在於學士大夫沉沒利欲，以言相尚，不知自治而已」。王安石對於「以言相尚（吹捧）」或「以言相下（抹黑）」都很反感。以語言文字之概念上的理解來取代真實世界，或者以儒學正統來排斥其他學說，都是他一生試圖加以顛覆的傳統文化，堅持真正的「儒者所爭，尤在於名實；名實已明，而天下之理得矣」。

退休之後看似與世無爭，但王安石察覺到自己漸漸「老來厭世語」，體力與心態都有明顯的變化。不過，想到神宗一人還在京城奮鬥，王安石仍是「堯桀是非夜入夢，因知余習未全忘」。王安石與神宗不僅是革命夥伴，而且是政治史上難得一見的組合，日後王安石有詩「何處難忘酒？英雄失志秋」，「何處難忘酒？君臣會合時」，道出此時王安石的複雜心緒，以及他對神宗的強烈思念。回憶當初，神宗曾對王安石說「朕與卿相知，近世以來所未有，所以為君臣者，形而已」，兩人形為君臣而實為至友。但王安石的強烈個性乃是他政治生涯

的大缺點，不僅對其他大臣的態度是過於嚴肅、甚至不假辭色，《宋史》更描述他「自信所見，執意不回」而「辯論輒數百言」，有時現場的尷尬氣氛還得要靠神宗來打圓場，似乎也有一點過於放肆。其實就連對神宗本人，王安石也是直言往來，甚至埋怨神宗對小人特別好，對君子反而顧慮太多，完全不顧及一國之君有時必須是個表面上的騎牆派。而神宗對於王安石的抱怨，也是坦誠相對：「然君臣之義，固重于朋友」，而「朕既與卿為君臣，安得不為朕少屈？」特別是最後面那一句話，語氣等於說「喂，你閣下就不能為我這個皇帝稍為委屈一下嗎？」這樣的對話除了顯示出神宗與王安石之間的君臣關係非比尋常之外，也透露出君、臣的角色實不相同，也應不相同。不過，這些對話也透露出一些端倪，也就是除了嚴重超越紅線的個案之外，神宗對於反對新法朝臣的寬容度確實也很高，連首相、戰友王安石都快忍不下去。或許吧，神宗皇帝也必須把這些反對或制衡新法的力量保留在朝中，他才能夠把皇帝這個職位做好。

　　蘇軾因為文字能力特別好，藝高人膽大，後來以詩詞譏諷新政而被神宗貶為地方官。外放當個地方官的蘇軾，幾年之間親眼見到地方的實況，對新法的態度悄悄

有了轉變。外放四年後，蘇軾經過金陵而拜會王安石，此時罷相返鄉且大病初癒的王安石已將家產悉數捐給寺廟，一家人在城內租個房子。一段時間裡，王安石與蘇軾兩人同遊山水，蘇軾趁興寫了一首詩「巧峰多障日，江遠欲浮天....歸來踏人影，雲細月娟娟」，王安石則以同樣的韻腳，作詩「朱門園綠水，壁瓦第青煙」相互唱和，兩人回歸宋代文人雅士的交誼模式。另一次出遊，王安石有詩「細數落花因久坐，緩尋芳草得歸遲」，蘇軾則以「騎驢渺渺入荒陂，想見先生未病時，勸我試求三畝宅，從公已覺十年遲」相和。在這一段時間裡的相處與交談，王安石自然呈現出自己的想法，而讓蘇軾感到「朝夕聞所未聞」；兩人分別之後雖有書信往來，甚至還討論買地當鄰居的計畫，但其實兩人已無緣再見了。隔年，年輕的神宗突然駕崩，才 36 歲，這個消息對王安石而言不啻天崩地裂。哲宗即位之後，司馬光與蘇軾都入閣當朝，新的宰相司馬光迅速罷廢了全部的新法，老邁王安石一生的事業竟在轉瞬間灰飛煙滅。這其中，王安石最在乎的是免役法，免役法是他和神宗研究討論兩年之後才審慎提出的心血結晶，據說當免役法的罷廢消息傳來，王安石極端激動地嗆言「真有必要罷到

這種程度嗎」？王安石精熟《金剛經》，應知「一切有為法，如夢幻泡影，如露亦如電，應作如是觀」；不知64歲的王安石是如何面對如此絕望的打擊，他於哲宗元年四月、神宗去世一周年後，也跟著過世。

　　王安石逝世的消息傳來，司馬光深感悲憾，因為神宗是王安石的精神支柱，王安石則是司馬光的精神支柱。王安石原是他的青春至友，後來兩人卻當了一輩子的敵人，而此時終於復仇雪恥、終於盡吐一口怨氣的司馬光也已經67歲了。在他自己的人生晚境，司馬光表示「介甫（王安石字介甫）文章節義，過人處甚多」，而今王安石已死，無法親自為他的新法來辯護，大家又不可能不討論他的新法，所以耽心此時「反復之徒必詆毀百端，光意以謂朝廷宜優加厚禮，以振起浮薄之風」。司馬光究竟是基於什麼樣的矛盾心理而寫出這段文字，後人各有不同解讀。王安石過世不到半年，司馬光也去世了。

　　過去的蘇軾長期站在反對新法的一邊，而一旦黨派之爭的形勢鞏固了，反對的那一邊就有了「必須反對」的義務，贊成新法的那一邊也是。較為年輕的蘇軾確實也為反對新法派出了不少力，但隨著年歲與經驗的增

長，內心的看法漸漸多了一些冷靜；這份冷靜隨著司馬
光一夕之間罷廢全部新法而失控，它的導火線也出於免
役法。在過去，司馬光對於傳統差役勞民傷財的事情知
之甚詳，而且也多次上書痛陳當前做法的不是，這是群
臣皆知的事情。而今，司馬光為了罷廢新法而罷廢新法，
連解除傳統差役重大弊病的免役法也一併廢去，一切立
刻恢復舊觀，同時也不願聽到其他眾臣保留免役法的苦
勸，宣稱罷廢新法如救火之急。此一對人不對事的態度，
讓不斷勸請司馬光三思而行的蘇軾感到十分寒心，直言
批評司馬光「專欲變熙寧之法，不復較量利害」，而至
反省「吾儕新法之初，輒守偏見，至有異同之論。雖此
心耿耿，歸於憂國，而所言差謬，少有中理者……回視
向之所執，益覺疏矣（以往的堅持而今看來真不夠嚴
謹）」。此後的蘇軾，既不見容於新派，也不見容於舊
派，悄悄開始走自己的路。

　　王安石畢竟是前朝的大宰相，現任皇帝依照慣例也
要對過世的國家重臣發布一番「歌功頌德」的悼念文字。
然而在當下這個敏感的時刻，前朝新法已是眾口一詞的
批判對象，那麼王安石的罷相又要如何解釋？他與神宗
的關係又要如何圓飾？面對這些「政治地雷」，文字的

踩踏要非常小心，這燙手的山芋就交給皇帝的秘書蘇軾吧。今人當然不可能知道蘇軾心中是如何琢磨這個「危險」的任務，最後蘇軾則以皇帝的口吻，寫出他自己和司馬光等人都可以接受的文字：

> 「將有非常之大事，必生希世異人。使其名高
> 一時，學貫千載。智足以達其道，辯足以行其
> 言。瑰瑋之文，足以藻飾萬物。卓絕之行，足
> 以風動四方。用能於期歲之間，靡然變天下之
> 俗⋯⋯屬熙寧之有為，冠群賢而首用。信任之
> 篤，古今所無。方需功業之成，遽起山林之興。
> 浮雲何有，脫屣如遺。屢爭席於漁樵，不亂群
> 於麋鹿。進退之美，雍容可觀⋯⋯死生用捨之
> 際，孰能違天？⋯⋯」

靜看雲意學無心

第八章　國　家

　　王安石期許自己、也期望其他以任官為抱負的讀書人「可以為天下國家之用」。「天下國家」既是一種高度，也是一種態度。

　　對於王安石個人，歷來已有許多褒貶不一的評論，而這本書之取名，用意則是試圖把王安石的時代當作一個重要性不下於王安石本人的重要主題。從秦漢統一天下到清末華夏文明遭逢巨變，兩千多年的中國歷史如此浩瀚而不知從何說起。然而我們或許可以冒險地假定，到了西元一千年的北宋時代，中國所自創的文明體制，包括政府制度、科舉考試、藝術、思想及社會結構等，可以說來到了一個發展的高峰，往後從宋代一路到清末（甚至民初），大體上也只是宋代樹立之文明模式的千

年延續而已。然而，就在這個文明的高峰上，王安石試圖再做個向上跳躍，而這個跳躍的姿態又是如此吸引人，連黃仁宇都形容王安石的諸多政策「彷彿是現代」；不過，這一聲彷彿，終不免沉落為一聲感嘆。王安石的跳躍，跳脫這個文明體制太遠，或者更多人說他跳得太早，總之，它是一種沒有根的、或來不及生根的栽種，終於無法綠樹成蔭。在千年的歷史長河中，「現代」跳起十七年就不得不落地，可見那深重難拔的地心引力才是歷史的真正主角吧。

面對這個站在王安石身後的、看似背景、龍套或配角的「時代」，我們要如何才能評價它其實等於主角的演出呢？作者坦承自己是懷著既定角度的，而此既定角度就是「國家」。

國家這個概念在學術界，特別是在西方的政治學界差一點遭到淘汰，因為國家這個概念說起來還真是有些抽象，實在不比「政府」、「總統」、「政策」、「選舉」等具體的演員來得容易分析。然而政府上台下台、總統上台下台，這些短期現象的背後好似也存在著一種變遷非常緩慢的長期架構，使得任何上台的演員都不得不在這樣的既定舞台上演出；就好像這裡談起王安石跟

「他的時代」一樣，每一個總統也都得效忠「他的國家」，我們無法取消總統背後這以法制為袍的「先王肖像」對我們的凝視。所幸，經過實證學術研究風潮的衝擊之後，再度回到學術討論中的國家，它的格局雖大但面貌卻也變得更清晰。

　　麥可‧曼（Michael Mann）回頭觀察千年以來西方「傳統國家」的處境，並分析這些國家如何經由各種「社會力量」資源運用的轉化，而漸次取得「現代國家」的特質。這裡所提到相關的社會力量，可分為軍事、意識形態、經濟與政治四個方面來談。不過，這四種力量的觀察視角，並不像是一個人坐在盆地城市當中的某個高樓，喝著咖啡而舉目望向東西南北四個不同的方向；而毋寧說是，一個人跑到盆地城市四周的山嶺，而各自回頭望著這做城市。軍事、經濟、政治與意識形態，它們不是四個山頭，而是四種看見；四個角度的俯望得到不同的景觀與印象，但眼目所見的並不是四座不同的城市，而是同一座城市。因此軍事、經濟、政治與意識形態也只是相互重疊的影像，甚至某一眼的影像則是其他影像的基礎或背景，彼此互為表裡，彷彿「後勤」支持著前線一般。同時麥可‧曼也沒有忽略四個視角的遠觀

並不能代表真實，因為距離的遠近也左右著我們的認識，所以山腳、山腰和山頭的看見其實也是一體的，一如這四種視角其實也是一體的。於是麥可・曼也特別重視這四個力量共通的進一步甄別標準，例如觀察其影響力的廣泛程度，或深入程度；或者區辨它到底是一種接近於「凌駕社會之上」之強迫合作的力量，還是一種「透過基層社會」而產生之自願合作的力量。麥可・曼的觀察是立體的，因為國家也是立體的。

以上只是麥可・曼之觀察方法的簡單描述，因為它將被作者在這裡予以取巧地挪用。以下則是針對王安石和它的時代，分別討論軍事、經濟、政治與意識形態四個視角的影像，作為本書的結論，同時我也將個人的看法貫穿其中。

書本曾經告訴我們，說中國是愛好和平的民族，當時年幼的我不只深信不疑，而且也頗感驕傲。及至年長之後，漸漸發現這樣的說法只是政治教化與維持民族尊嚴的濃妝，自覺受騙上當之餘，當然揮手將之揚棄。而今驀然回首，驚覺愛好和平之故人仍在燈火闌珊處留連徘徊。

宋代之「重文輕武」成為後人眾矢之的，然而重文

輕武事實上又絕非宋代所獨有，它可能是中國秦漢之後
（或許元朝不算）各朝代的共同特色。重文輕武就狹義
而軍事面而言，宋朝只是運氣不好，因為對手太強而曝
露出它的軍事弱點而已；事實上，就算它的對手不強，
重文輕武其實也已經是內建於中國的文化本質。重文輕
武而愛好和平，實則是因為軍事上無需強大或無法強
大，而不得不愛好和平；不得不愛好和平，則意識型態
上不得不重文輕武，因此重文輕武既是因、也是果，這
一點可以從災異說作為一條線索來分析。

連改革態度十分堅毅的宋神宗都不免受到災異所影
響，因為「畏天」乃是中國大地、下起草民上至天子都
不容猶疑的信念。但是神宗是真心認為天象可以感通於
人事嗎？這裡誰也不敢說，而且中國先秦的儒家也不一
定這麼看。然而為何秦漢之後災異之說會成為儒家之難
以撼動的（政治）信念呢？

對每一個開國之君而言，天下都是馬上打下來的。
打天下得依靠軍事武力，同時也心知肚明任何人擁有足
夠的武力，都可以把自己從皇位上拉下來。因此，開國
之君一旦坐穩皇位之後，重用的都是文人而非武將，看
似強調文治，其實是以強調文治來強調天命。開國之君

之所以能夠成功地成為皇帝,「真正的原因」是天命所賜,或者是上天選擇了自己坐上大位,並非依靠一己之武力強索求得。一旦確認天命只此在朕一身,這就是皇帝(天子)執政正當性的大根大本。由於此時國基已固(天命已簽名背書),則內部的武裝反抗都是「造反」,逆反於天命而註定敗亡,因此皇帝壓根就「不怕」任何武力的挑釁,自然也就沒有強化或炫耀軍事武力的必要性;強調與訴諸武力,反而顯得皇帝對於自己的天命並沒有把握。

在如此的邏輯前提下,重文輕武於是成為皇帝與治國文臣之間的對手戲。悠悠文風當然是文明體制高度發展的結果,同時皇帝與文臣也從中各取其利,只要準備了一支實力上可以消滅國內局部叛亂的武力就夠了。至於面對來自外部的壓力,在對應的思想上也受制於同一個邏輯;中國皇帝既然秉承了天命,那就不是「蠻夷」所能征服的,過度大張旗鼓準備軍隊反而是心虛的表現,就算內心焦急,也必須隱藏在一派篤定的面具之下。於是,既然天命是國家政權的根本基礎,則皇帝個人能夠不(表現出)敬畏上天,而迅速回應於天象對人事的警告嗎?同時文臣能不因為特殊天象而大感震撼嗎?所

以無論對皇帝還是文臣而言，否認天命就等於拆掉自己的權力地基；反過來說，這般以天命為基礎的權力政治必然要表現於和平。和平而重文輕武，不代表一定擁有天命；但擁有天命的，一定和平而重文輕武；一如基督新教倫理之選民理論，現世中努力工作的不一定會被上帝選擇上到天堂，但將來會上天堂的，在今日人間一定是努力工作的一群。

天命在身，天下「必然」和諧，則武力所代表的「暴力」就沒有地位了，至少是沒有理論地位；即便事實上國家招募龐大的武力來保衛國家，但只要符合天命的君王仍是「行仁政」，天人交感相應，則國家在理論上便仍然國基永固。皇帝當然想打勝仗，但他不重視軍事；「文治武功」的後二字只是一種「功業」歌詠，而非「功用」之講求。諸葛孔明雖以軍事謀略稱著，他自己其實也是個很有經驗的第一線指揮官，然而諸葛孔明無法生存在一個國基已固的文明局面，他只能生存在三國的存亡競爭中；而在存亡競爭之中，不只孔明，每一個政體的國王本身都是偉大的軍事家。

以上的說法，是就中國自創的政府體制和思想而言，但是宋朝的鄰居西夏、遼國、女真，以及後來的蒙

古等，這些國家的文明體制與思想，與漢族王朝的理路是不同的，例如遼國屬於契丹族，「契丹」的原意就是「刀劍」，擺明著講，毫不掩飾。儘管後來學習了漢族王朝的政府體制，這些國家卻仍然保留了原來的尚武精神，至少他們更完整地同等接受「文治武功」這兩項國家之所以是國家的基本條件。這些國家之重視軍事，乃是全國上下一致的精神；套用蔣百里的說法「生活條件與戰鬥條件一致者強」，騎射圍獵或部落之間的不定時戰爭不只是他們的日常生活，而且他們的領導者也真心重視「自己的軍隊」的實力，因為這是攸關生死存亡的鬥爭現實，不能拿文字來開玩笑。於是，當我們捧著「偉大的軍事家」之讚美上呈給忽必略、努爾哈赤，或者任何一位「胡人」國王，他們都很樂意接受這般的頭銜；捧給中國的皇帝，可能會掉腦袋，因為這反而代表一種譏諷。

　　輕武，即便個別皇帝可能例外，或者所有的皇帝其實也不是這麼敢完全忽視它，但整個天命文明之政治體制「弄假成真」而習慣成自然，較之胡帝國皇帝毫不隱飾、擺明著重視它，長期下來效果自是截然分明，宋朝只是個鮮活的典型。然而王安石也企圖進行軍事改革，

宋神宗也支持軍事改革，但宋朝有機會發展出一種「武的文明」嗎？答案可能並不樂觀，特別是所謂武的文明並不限於軍事領域。

　　或許我們可以試著假設，如果神宗活得夠久，或者如果連續出現兩個神宗，新法的改革可能走出一條穩定的新秩序。我們不能否定王安石或神宗的政策遠見，然而對比於唐朝末年的藩鎮割據，宋代雖然做到了軍事力量的壟斷，但是這股大軍是缺乏後勤支援的。西夏、遼國等，其國家的軍隊乃是部落聯軍，各部的專業軍隊是由其游牧狩獵經濟生活所支撐，一如漢族國家理想中的兵農合一，雖然鋤頭改換弓劍的效率遠比不上騎射活動的地點轉換。同時，在必要的時候這些國家也可以做到全國皆兵，戰馬弓劍自備，動員的後勤條件相對容易滿足。然而宋代禁軍數量龐大而拖垮國家財政，而且大軍團的行動更加受制於大規模軍事後勤之追補範圍而行動遲緩，除非宋朝確實能夠再增加財政收入，同時減少軍隊數量而使之更專業化，否則軍事與經濟力量相互牽制的兩難將無法解決。

　　王安石的保甲法長期的規劃可能不只要以徵兵來取代普遍的募兵，而且被徵調的人員早已在先前保甲過程

完成初步的軍事訓練;如此一來第一線的軍隊有著穩定的來源之外,社會底層甚至也建立了「全國皆兵」的後備動員能力,而且後者基本上是沒有動支到太多的政府經費。回顧這一套作法,會發現到現代國家軍事總動員體系的精神也不過如此。

然而從保甲到徵兵,這一條路看似直線前進實則非常遙遠,如果保甲的建立無法伴隨精確的戶籍及人口調查的話,單單農閒時期實施訓練,並不能保證緊急動員時國家可以迅速調集到所需要的後備武力,如此一來又不免隨機抓兵或寬鬆募兵。王安石的保甲法當然也是從戶籍開始著手,但是宋代官員數量雖多,卻沒有足夠數量的基層公務員,受過專業訓練之後再來從事役政與戶政的工作;政府就算有心,也沒有額外的人事經費,事情就只能低度進行了。日本明治維新之後,原本計畫在1905 年進行第一次大規模的人口普查,後來因為日俄戰爭而延後實施;就算 1905 年真的實施了,那也是日本明治維新將近 40 年之後的事情,可見其行政準備工作絕不簡單。宋代完全不具備健全而普及的戶籍調查與兵役行政之能力,所以連標準更低的募兵作業也是非常混亂,大部分只是充數而已。所以軍事力量之於宋朝,不是一

種深入的社會力量，只是一種廣泛但淺薄的徵調力量。

　　或許可以這麼說，正因為事實上沒有足夠的廣義後勤能力來維持一支有效率的大軍，所以唯有「刻意」不重視軍事的態度，才能和大環境相互調適，這和「吃不到葡萄說葡萄酸」的寓言有點接近。這裡並不是說宋朝的讀書人或官員清楚意識到這個行政的或後勤的問題，所以他們才刻意選擇了重文輕武；毋寧是說「人在此山中，雲深不知處」，大家都是時代的寵兒，把視為當然的視為當然才不會自尋煩惱，然而同樣也是後勤問題，讓王安石的經濟改革不久就走失到控制範圍之外。

　　王安石的經濟改革，是以「理財」為策略，以政府介入經濟的方式來增加社會生產，或者去除社會生產的障礙，取代過去僵硬而沒有彈性的作法，希望「國家取稅、社會取利」而雙贏。姑且不論政府人員是否有此理財共識，甚至也不管仕紳權貴既得利益的問題，王安石經濟變法的諸多項目確實具有革命性或創新性，但無論革命性或創新性的背後，其實也都是實驗性。

　　所謂實驗性，即指過去並沒有這樣的經驗，其意義可分為兩層。首先，從中央到地方的政府官員，千百年來只能發揮、也可能只容許發揮最少的功能做最少（起

碼）的事，而今變法之後的積極政策卻要政府官員做出過去不曾做過的動作，完全超出政府官員之「養成」的知識範圍，新政不僅陌生，而且實屬「多事」而「不必要」；換言之，中央政府之新政的推行基本上是個有將無兵的處境。其次，諸如市易法、青苗法、免役法等等，它在實施之前還需要一段時間的「調查統計」工作，例如關於各地即時物價、申請貸款者的市場前途、職種的資產、人民的所得等級等等，太多太雜的市場因素需要詳實的數據，這些都屬於拳拳到肉之「武」的領域，不能憑粗步的印象來進行決策，更不能依賴文字邏輯之通順來取代實情實況，否則也是重文輕武的現象。王安石推行新法，最普遍的批評之一就是「操之過急」，然而事實上王安石在許多新法上路之前確實也做過許多調查，內部也有相當的討論，同時也經常是選擇少數地區先行試辦，具體做法修正過後再推廣到更大的範圍，整個決策過程並不能輕易數落它是粗糙的。雖然神宗也確實希望新法能夠儘快立竿見影，但是像免役法則是神宗與王安石團隊討論兩年之久才化為行動的，並非說風即雨。不過，它給予人們的印象還是操之過急。

　　事實上，政府介入市場所需要事前、事中、事後的

資訊是極其龐雜的。一如唐朝岑參的詩「馬上相逢無紙筆、憑君傳語報平安」，騎馬傳公文，中國大地的「交通」條件停留在最初級的狀態，這對意圖有為之政府新法而言，就是一個巨大的資訊障礙，以當時的人力資源能否克服這道障礙而建立足夠綿密的資訊網，基本上是不可能的。一旦事前調查得到的資訊與政策預期後果之間出現落差，等到相關資訊再回傳到決策者，傷害已經造成，「操之過急」自然成為最合理的批評。王安石大量引介商人進入新法機構，自然也有建立資訊上之「第二管道」的彌補作用，但是以今日現代國家的運作模式來看，各類考試錄取的公務員仍然需要再接受一定的專業「訓練」才能更有效率地落實政策，或者彈性操作而又可不違反政策目標，然而在宋代社會，這種構想可能只存在於王安石的腦海中，而且只有在腦海中。不是市場太大了，而是政府太小了；神宗加上王安石團隊，也無法取代整個政府，更無法控制整個市場。

　　世人對於王安石最常見的批評，還包括「用人不當」。其實王安石對於人才的看法，在他給宋仁宗的《言事書》裡已經有清楚的輪廓，可惜當初的建議在他自己掌權的時候也來不及改善。讀書人當然也是一種人才，

但是受制於傳統科舉制度「考試領導念書」的育才方式，懂得考試的讀書人不一定是「為天下國家」所用的人才，而後者需要「學校」（指中央官學）再進行分科培養（功能類似現代的公務員訓練班），然後才可以成為一個為國家做事的人，同時這樣的人才方能漸漸累積到一定的數量；公務人力資源有了一定的數量，再加上考績制度的區別，皇帝才能夠從人才庫當中有所擇優，付諸以更高層的治國重任，這是王安石對於他心目中所謂的「士大夫」人才的整套構想。雖然對科舉制度已經有了改革，但是教育或思想改革成果的逐漸發酵，比大船轉彎還更緩慢，但是新法立即就要上路，人才絕對是緩不濟急。更何況，王安石為相之後，朝廷立刻陷入黨派之爭，很明顯的反對新法的勢力要大於王安石的那一派，王安石連自己的人才庫都不夠充分，更別提從中擇優了。王安石罷相之後的繼任者呂惠卿原是王安石的左右手，王安石坦言呂惠卿在他看來其實是「才勝於德」，但王安石可有其他的選擇？中央政府層級如此，地方政府則更麻煩，因為新法的推動仍然得依靠長期執行舊法的同一批官員。新法政策只是前線，但它沒有後勤。

　　地方政府官員對於新法的態度可以分為四類。第一

類是真心想執行新法的，第二類是竭力反對新法而拒不執行或甚至故意扭曲者，第三類是消極怠工，敷衍了事者。然而王安石最擔心的竟然不是以上的第二、第三類，而是第四類「希功幸賞」之俗吏。他們表面上積極執行新法，爭取帳面上的工作績效以圖在新法派系中得以出人頭地，但這些人或者執行力道過強，或者根本利用新法圖謀私利，一方面等於實際上在破壞新法，另一方面也等於源源提供反對派攻擊新法的材料。但之所以會有這四種地方官員，主因在於，地方其實可以不服從中央。

　　地方政府官員的各行其道而依舊在位，可以看出宋代中央對於地方的控制程度是很低的。這套政府體系並不是後人經常引述或比擬的「科層體制」或「官僚體制」，因為現代官僚體制的體質乃是一套細密連貫的法律與分工體系，一次動員 40 萬軍民橫跨大西洋的諾曼第登陸可謂官僚體制的傑作。但是傳統國家非但不具備官僚體制，而且中國政治傳統所講的「法」，其實又是含攝於「禮」之中，且禮先於法，而禮的本質本來就偏重道德勸說而缺乏強制力。現代國家的特色是建立全面的強制性力量，無論這種強制是經由民主還是專制的方式來建立，最終都是形成一種包含行政法在內、以強制為基礎

的行為習慣。但是，宋代「刑不上大夫」的禮法規格同樣也是一種行為習慣，一旦在禮的方面有其不服從上級政府的「道德」理由，同時在法制方面地方不服從中央其實也沒有多大關係時，結果自然是一場混亂。國家太偏重道德正當性（禮）而輕忽強制性（法），殊不知正當性（文）和強制性（武）經常是互補的，於是它的後果則是陷入另一種「重文輕武」的處境。狹義的軍事上之重文輕武，遂與廣義的行政上之重文輕武，相互成全而成為一種普遍而牢固的文化模式

　　正當性在政治秩序中扮演相當重要的角色，而於王安石變法時期，中國傳統以來的正當性基礎出現重大的分歧，這又與讀書人或儒官的信念有關。變法之初，有一次神宗和文彥博討論變法之事。文彥博是北宋著名的宰相，歷仕仁宗、英宗、神宗、哲宗四位皇帝，輔政長達五十年之久，對於政治之運作有著豐富的經驗與瞭解，所以他反對王安石的變法。神宗對這位老資格大臣的立場感到疑惑，認為新法對百姓沒啥不好啊，為何「於士大夫誠多不悅？」文彥博沒有正面回答這個問題，而是繞個道說，皇帝閣下，您可是「為與士大夫治天下，非與百姓治天下」啊。文彥博的這句千古名言可以做兩

種解釋，第一種解釋已經由朝廷士大夫不願配合新法，以及地方政府首長的各自看著辦，而皇帝又不能對他們怎麼樣之事實，得到充分的說明。第二種解釋是，統治正當性的詮釋權不在不識字的百姓，而在是大夫手上，一如西方的知識階層與基督教的教士階層是息息相關的，而教士（知識）階層又與皇室相互庇護，由前者代替上帝來肯定國王的統治正當性。因此士大夫是皇帝得罪不起的，特別是在宋代，「道統」竟然可以牽制「政統」，從某個角度來看也不能說它不是中國文明的一大成就，但也是一大侷限。

在春秋戰國，中國的知識階層就已經出現某種群體的自覺，各家學說都有它的「道」來象徵各自的終極理想，「道」字的概念作用一致，但道的內涵卻各有韻味。漢朝的帝國格局統一了天下，此時知識分子最關切的，就是怎樣建立並維持一種合理的集體大秩序，因此道的內涵配合天下統一的形勢，也漸漸收攏而歸統一，而且是以當時的儒家思想為中心。余英時認為漢儒把持著道，而作為一種向外批判的標準，則道的內在價值觀就被視為天經地義而不復置疑了，雖有插曲如《鹽鐵論》之辯論或王莽的復古，但政府積極有為於經濟事務則基

本上被視為「法家」遺緒而至少表面遭到排除，意識形態「正統」與「異端」的分野已經形同水火。然而維持道之內涵的純淨同質，未必有利於知識階層的深層自覺。漢朝一統天下的局面崩潰之後，魏晉南北朝時期的知識階層由外翻轉向內，開始把檢討與批判的鋒芒直指「道」的本身，因而竹林七賢亦有其生命之道的真誠與精彩，知識階層已不再是一種定型，知識分子的內涵也開始光影互見，此際反而是知識階層本身的自省與自覺程度發展得更高的階段，同時也埋伏了日後讀書人於自我認同上之差異化的可能。

　　由於知識分子之主體自覺日益鞏固，宋朝范仲淹的一句「先天下之憂而憂、後天下之樂而樂」又把讀書人的地位（配合宋代的重文趨勢）推向更高的山巔。天下當然是皇帝的天下，但天下同時也是士大夫的天下，其捨我其誰的氣概與使命感，應是西方社會的知識分子無法比擬的。不過，同為知識分子，甚至同為關切天下蒼生的儒家知識分子，自我認同的基礎在宋代這個重文輕武的最高潮，反而出現了新的面貌，崇古而變古，天上而人間，蕭公權稱之為中國政治思想中「功利思想」的抬頭，同時他也把王安石形容是「儒而有為者」之特殊

典型。

　　這裡所謂的「功利」思想並非通俗所云的貪財求利，而是借西方功利主義（utilitarianism）之名，而強調實效與後果的那一面，認為不見實效的空言，相對等於清談。宋代的功利思想並非始於王安石，但王安石實為兩宋功利思想的中堅，依循先王典籍而「法其意」，借托堯舜聖道而開新路，根據現實問題的實況進行務實的理解，繼之以徹頭徹尾的具體工作，凡事致用為先而力求實功。這般講求功利的知識分子，不被正統儒家視為知識分子，但雙方都是以天下為己任。

　　宋代是理學當道的時代，南宋朱熹曾說「聖人千言萬語，只是教人存天理、滅人欲」，這句話絕對不像後人盲目指之為「禮教殺人」這麼簡單，但是理學只重在「心性」層次上反省檢討，則是事實。功利思想在南宋可以葉適為代表，他對理學角度的政治觀提出質疑，主張理學家所謂仁者「正誼不謀利，明道不計功，此語初看極好，細看全疏闊」，而今世儒者放言高論「既無功利，則道義者，乃無用之虛語耳」。功利思想者指責理學不求有功但求無過，理學家指責功利思想家生事擾民，費子智（C. P. Fitzgerald）認為北宋的保守派與其說

是反對新法的「後果」，倒不如說他們反對的是新法的「精神」，其立論基礎也在這裡。

兩宋的功利思想只是中國歷史中的一段插曲，終究不敵理學的長遠優勢。不過，葉適的例子值得進一步說明。其實正統儒家對於民生國政並非沒有批評，或者也不是說他們的批評內容毫無根據，但是在內容上往往過於高懸而壟統，完全在起心動念（文）而不在事功或行動（武）上講求。以政府的問題來說，許多儒者都只能批評君主荒淫無道、政事煩苛或替百姓疾苦吶喊，而葉適則強調如果政府的權力過度集中，則「仁」君「賢」臣再世也無法有效改善現況，直接就「制度」本身來討論具體問題的根本癥結，因此功利思想所見的層次大不同於文墨之推理。事實上，政府的制度當然是一個大題目。

蘇軾作為士大夫及朝廷命官，自有上書奏議的權利與義務，但是當他的建議沒有被接受時，蘇軾即為文感嘆伴君如伴虎，「以螻蟻之命，試雷霆之威，積其狂愚，豈可屢赦；大則身首異處，破壞家門；小則削籍投荒，流離道路……」，這段文字其實太過矯情，因為宋代沒有任何一個大臣因為意見與皇帝相左而「身首異處」，而且這種待遇也僅僅出現在宋代。春秋戰國之外，宋代

是中國第二個比較開放與寬容的時期，與秦漢以來、及元明之後「君尊臣卑」的處境大不相同，主要原因也在其重文輕武的精神。宋太祖趙匡胤立下了規矩，不能在朝廷上鞭打大臣，不准辱罵公卿，不得殺掉士大夫及上書言事之人，基本上也不搞文字獄，充分降低「暴力」的成分而高抬「文明」的優雅，因此不僅官員可以放膽論政，直顏犯諫者充其量也只被貶到地方繼續當官（而不是貶為「流離道路」的草民）；即使如此，被貶外放的也是帶著中央官銜前往任職，對高層官員算是相當的尊重。當這樣的政治制度形成了特別的政治傳統，過去的君臣關係開始往「賓主」關係移動，神宗與王安石之間之能更進一步而亦師亦友，也可以說拜這種背景所賜。正因為以後再也不會有這樣的宋朝，所以神宗與王安石的關係乃屬千古未有。

宋代朝廷君臣互動關係的特色，可以就台諫制度來一窺。宋朝把唐代以來御史台（專向皇帝進諫）及諫院（監察彈劾文武百官）合流為「台諫」，形成一個「皇帝／行政／監察」三足鼎立的政府體制，俾使國政能在言論大開的架構下更加完善。由於宰相代表行政體系，與台諫之間的關係是對立的，所以宰相不能推薦諫官以

免控制言論之嫌，因此諫官一律是由皇帝親自拔擢。此時的台諫系統自身也有其極力堅持的原則，例如重大建議若不蒙皇帝採納就應辭職，諫官等於把自己放在「待罪」的狀態而「以去為諫」，同時台諫系統之內的官員也是各自獨立言事，此謂「台中無長官」，而且台諫之間也可以互相彈劾，是相當有特色的一種監察制度。

中國各皇朝中央政府權力關係的結構不一，不宜用「專制」二字就全部說死。宋代被後人然讚揚為「最民主」的君主體制，至少它的「共和」（集體參與）味道是很濃烈的，然而這樣的評論也可能流於表面。對於宋代政府之高度評價，它背後的假定是，第一，宋代文治政體的大前提仍是和平，所有的過失只是個別的官員在道德標準上一時不及，只要經過糾正就可以回歸正軌，此即所謂「君子之過」；同時，基於政治正確，台諫對於宋代武將的密切彈劾也是保持重文輕武的手段之一。然而，這樣的政體適合於維持既有的秩序，但它無法處理「問題」，特別是政策分歧的議題，因為政策可能不是單純的道德是非之爭。同時，政策之間的爭議往往代表著政局失去「和平」，因此宋代政府的「民主」只能是「和平的民主」，離開這個象牙塔就顯出它的能力不足。

　　第二，宋代體制「假定」台諫是公正的，諫官的聲望也高於一般官員，只因為他的職務叫做「台諫」，而忘了諫官本身也是來自同一科舉制度的凡人。同時台諫也不是朝廷之外的獨立系統，例如英國的國王與國會至少在法制上分屬兩個系統，因而國家決策是「國王在議會」。而宋代的台諫如果在功能上比擬為國會，它充其量也只是「國王的議會」。

　　宋代政府最大的特點是台諫制度，最大的缺點也是台諫制度，而台諫制度最大的弱點則是諫官的資訊來源。由於諫官自身也有定期提出彈劾案的「業績壓力」，所以除了小報告、官書之外，為了發揮諫官的最大功能，他們可以「聞風言事」，以若干片斷風傳為基礎就可以上書彈劾，就算事後發現風聞之內容與事實不符，皇帝與宰相也不可以追究治罪。王安石當宰相也不得不重申並保障此一大原則，「許文風言事者，不問其言所從來，又不責言之必實」；言「不必」實，則文筆就是利器，潘朵拉的盒子就此打開了。作為「裁判」的諫官既然可以不以事實為根據，他們自然成為各個黨派相交爭取的權力資源。黨派，意謂著「問題」的存在。無論問題是道德概念上的爭議還是複雜的政策議題，只要諫官站在

自己的這一邊，自己就有了言論上的優勢，反對者（包含皇帝）若不聽從諫官的意見，從文字上面看來就是剛愎自用，也違逆了祖宗的規矩，道德地位自然出現瑕疵，而皇帝不聽從其意見的諫官，此時反而在「氣節」上得分更高，「真理」代言人的形象更鮮明。此外，就算諫官有意秉公評議，來自科舉的讀書人若不親自探察事實（這其實也是不容易的），或者不瞭解政策的目標與細節，或者根本對於民間生活的實況非常隔閡，則諫議的文書內容多半也是以文（虛言重說）為武（勝敗生死之具體事實）而已，不一定對國政有實質的幫助。總之，黨爭一起，諫台非但不能置身事外，而且當個別諫官加入黨派、利用職權玩弄小智小慧而自鳴得意，整個朝廷的論政風氣就非常意氣用事了，使得「共和」體制反而充滿內部矛盾而寸步難行。為了維持政府的整體威信與政策的穩定，最後王安石也不得不撇開祖宗規矩，由宰相來推薦諫官以確保執政優勢，同時神宗也不得不把堅持反對、苦逼干擾的諫官貶去地方，否則政府本身的運作就有困難；司馬光為相之後，作法也是一樣。台諫制度根本禁不起黨爭的綁架、禁不起問題的考驗。但是對於王安石而言，反對自己的官員或諫官被貶為地方官去

「執行新法」，後果則是更加不幸。

對現代國家來說，專制獨裁者可以用一己之意志決斷重大政策是否推行，民主政治可以運用大選來決斷重大政策是否推行，但宋代政府既不民主又不專制，重大政策只有卡在黨爭漩渦中載浮載沉而不得掙脫。站在反新法這一邊的理學家程頤後來回憶這一段往事，認為「新政之改，亦是吾黨爭之有太過。成就今日之事，塗炭天下，亦須兩分其罪可也」；承認雙方應該各打五十大板，已經是一種難得清醒的理性了，但這種態度相對而言仍屬道德檢討的範圍，而不是政策制度上的分析檢討。

宋代是迷人的，它一度看起來非常現代。可是就國家的整體而言，當政府本身缺乏功能上的一致或一貫，經濟領導缺乏充分行政支援而無法落實，主流意識形態反對積極有為的政策，軍事問題缺乏應有的完整後勤配套，則大幅超越守成架構的任何新政，都將註定成為「麻煩製造者」，後果誠如朱熹的評論：「自荊公（指王安石罷相後封為荊國公）以改法致天下之亂，人遂以因循為當然」。

再過將近一千年之後，中國被吵醒，中國才發現自己竟是如此落後；但落後的原因不全然是中國之人以因

循為當然，而是中國這個傳統國家的時代條件就是如此，清末之前少有人能夠探索它在深層結構上的侷限，五四之後更少有人願意探索它在深層結構上的侷限。

「不畏浮雲遮望眼，只緣身在最高層」，王安石最後還是沒有能夠超越他的時代，他只是在他的時代中，盡力做個自己心目中的知識份子而已。

雲歸山去　風過溪來

第九章　詩　文

　　明朝之後開始出現「唐宋八大家」的說法，王安石也列名其中。或許因為王安石給後人的第一個印象是政治人物，而且在改革政策上也涉及激烈的政治鬥爭，同時政爭的對手們又多是光芒四射的千古文人，因此王安石本身的文學成就自然也容易被文學專業圈外的人士所忽視。本文各章眉角的詩句，都是王安石的文字。

　　王安石詩多而詞少，而他有些詩乍看之下確實峭拔深奧而不容易朗讀，這是宋詩的共通風格。由於王安石本人對於「近世之文」（或許也針對宋詞）之「以雕繪語句為精新」是頗為反感的，因此王安石本人的行文風格，有人也肯定他的說服力很強而邏輯結構精準，但是「感染力」卻稍嫌不足。不過相較於唐詩，宋詩也有它

更為散文化的另一面，因而一部份王安石的詩也顯示出相同的輕鬆自在，一如王安石最喜愛的詩人乃是杜甫，他形容杜甫的最大特色就是「自然人知」，詩文傳達出來的生活貼地感讓讀者感受格外親切。不過，以下所整理的詩文與其說是試圖呈現王安石的文學成就，倒不如說是試著間接詮釋王安石的人格特質。

一如杜甫，王安石年輕時期也寫過不少反映民間疾苦的詩，例如「三年五穀賤如水」等等，這是許多讀書人關心天下蒼生的自然反應，或者，也可能只是一種必要的裝飾。某種程度上，真正關心民間疾苦的人，對於「社會生活」的具體實況應該是充滿好奇的，畢竟大多數讀書人都只生活在「城堡」之中，唯有如同悉達塔王子走出皇宮、走入生老病死，而於自我人格發生極大轉變，從而才能更真心地關切平凡生活之種種實境。於是，我們可以檢視王安石若干描寫「社會生活」的寫實詩句，包括「火騰為虐不可摧，屋窄無所逃吾骸」（形容秋熱難耐）、「傳聞城外八九里，雹大如拳死飛鳥」（異常天候）、「客臥書顛倒，鄰犬靜中譁」（臥態寫實與生活環境）、「醉客快一噉，散投牆壁根」及「狼籍推左右，棄置任兒童」（形容人們啃食螃蟹之快意）、「未

能湯沐取一空，且以火攻令少挫」（火攻蝨子比水攻更有效）、「赤車使者白頭翁，當歸入見天門冬」（以普通中藥名來入詩）、「但有夢中人，相隨搯明月」（茗泉品茶）、「窮鄉自椊醫，小市藥難求」（醫療的城鄉差異）、「帆江口月黃昏，小店無燈欲閉門」（打烊）、「繫船應有去年痕」、「靜看蜘蛛結網絲」（靜觀萬物）、「心憐紅蕊與移栽，不惜年年糞壤培」（糞肥種花），或者「念子且行矣，要子過我廬；汲我山下泉，煮我園中蔬；知子有仁心，不忍鈎我魚」（為好友準備素餐）、「爆竹聲中一歲除，東風送暖入屠蘇；千門萬戶瞳瞳日，總把新桃換舊符」（過年）、「日暮炊煙孤起，不知魚網誰家？」等等，都是從食衣住行育樂的日常生活中取材而來，平凡常情中可見其精細的刻劃，筆觸恬淡而平靜，但絕非沒有感覺。

此外，扣除王安石也不能例外的、大量的「傳統」詩作題材，如松雪時節、園林旅遊和同道相互唱酬等，以及王安石經常拜訪佛寺的紀念詩之外，讀者可能會發現王安石詩作所抓的「題目」非常之多元而有趣，例如「夜夢」、「放魚」、「自遣」、「吾心」、「一日不再飯」、「天下不用車」、「今日非昨日」、「晝寢」、

「獨飯」、「雨中」、「疥」，「硯」、「修路者」、
「河勢」、「湯泉」、「二花合發」、「池上詠野鵝」、
「隨意」、「馬斃」、「見鸚鵡」、「望夫石」等，他
甚至還寫了「農具」詩一組十五首，每一首針對一種農
具，可見王安石關心的觸角是延伸廣大的。傳聞王安石
是個不修邊幅的性情中人，不知是否和這種全心關注社
會生活的生命情態是相關的。

　　王安石純粹寫景的詩句，可見「攬衣坐中庭，仰視
白雲浮；白雲御西風，一一向滄州」。「歸路借紅燭，
兩星低馬前」（形容酒後回家）。「愁雲怒風相追逐，
青山滅沒滄江覆；少留燈火就空床，更聽波濤圍野屋」。
「揚鞭去去及芳時，籌酒千觴花爛漫。」「北澗欲通南
澗水，南山正遶北山雲」。「東城酒散夕陽遲，南陌鞦
韆寂寞垂」。「但見山花流出水，那知不是武陵溪」等，
美詩美境不可勝數，這裡只是聊舉數則。

　　王安石許多寫景的詩句，其實也是把人情世故寄託
在其中，例如「閉戶欲推愁，愁終不肯去；底事春風來，
留愁愁不住」。「百年顛倒如夢寐，萬事感激徒悲歌；
應須飲酒不復道，今夜江頭明月多」（孤城）。「北去
還為客，南來豈是歸？」（雁）「溪澗得雨潦，奔溢不

可航；江海收百川，浩浩誰能量」。「斜陽一馬匆匆過，夢寐如今十五年」。「野草自花還自落，落時還有惜花人」。「來時還似去時天，欲道來時已惘然；只有松江橋下水，無情長送去來船」。「午梵隔雲知有寺，夕陽歸去不逢僧」。「歌舞可憐人暗換，花開花落幾春風」（戲劇演員）。「此去還知苦相憶，歸時快馬亦須鞭」。

王安石留下大量暮年嘆老的作品，憂鬱心事以白話直說，好似一種發洩。例如「賞心樂事須年少，老去應無日再中」。「流芳只須臾，我亦豈久長；新花與故吾，已矣兩可忘」。「嗟我行老矣，墳墓安可忘」？「歡華易盡悲酸早，人間沒藥能醫老；寄言歌館眾少年，趁取烏頭未白前」。「散髮愁邊老，開顏醉後春」。「忽忽余年往，茫茫不自知；慇懃造清淺，邂逅見衰遲」。「投老始知歡可惜」。「今日非昨日，昨日已可思；明日非今日，如何能勿悲」？

與人生老境相參的是佛教，王安石也寫下許多禪詩，例如「運數本來無得喪，人生萬事不須謀」。「山花如水淨，山鳥與雲閒；我欲拋山去，山仍勸我歸；只應身後塚，亦是眼中山」。「雲從鍾山起，卻入鍾山去；借問山中人，雲今在何處」？「風吹瓦墮屋，正打破我

頭。瓦亦自破碎，豈但我血流。我終不嗔渠，此瓦不自由。眾生造眾惡，亦有一機抽（指因緣）。渠不知此機，故自認想尤。此但可哀憐，勸令真正修。豈可自迷悶，與渠作冤仇」。其實王安石一生喜歡參訪各地佛寺，同時也喜歡模仿寒山拾得的詩作，許多相關文字已經流露出禪機，只是王安石如何在人生的最後階段，把一生的功業得失、死亡與佛禪加以自在整合，我們不得而知。

　　最後把王安石的「吾心」當做結尾，由他描述自己一生心境的轉換：

> 「吾心童稚時，不見一物好；（年少聰慧好學許多事情都看不慣）意言有妙理，獨恨知不早；（面對高深奇妙的道理熬夜也要把它搞懂）初聞守善死，頗復各肝腦；（開始的時候自以為是擇善固執生死不悔）中稍歷艱危，悟身非所保；（中年之後才曉得世界不是由我一個人構成的）猶然謂俗學，有指當窮討；（凡看似有意義的學問還是捨不得不碰）晚知童稚心，自足可忘老。」（老來才漸漸體會赤子之心的自主與圓滿）

重文　輕武

第十章　迴　聲

人間事，光影互見才比較真實。

朋友批評說光影互見四個字太過文謅謅，直說光明與黑暗不就得了；我其實很想表示同意，但心裡還是感到為難。

本書寫作的過程中，「重文輕武」四個字不斷浮現在我的腦海。一開始的時候，我以為它只是後人對於宋代的一種蓋棺論定，重複深植在我的意識中而已。但漸漸的，我發覺事情恐怕沒有這麼單純。

什麼是文、什麼是武呢？文武兩端各有特性，但兩端之間是連續的，至少我個人是這麼看。揖讓而升是文，彼此競爭也可有其君子心胸；箭穿靶心是武，中與不中當下判然。「敬於事」本是君子性格的一部分，練習之時嚴格自我要求必須正中靶心，但在這個還沒上場的階

段是文是武？或許文武真正的分判標準，是一個人是不是把自己「當作上場」而自我要求。因此，君子是個名，也應該是個實；君子是文，也應該是武。名的部分可以從言語舉止來呈現或裝假，這並不困難；難的地方在實踐，真實拉弓射靶反而是一種無法作弊的實踐檢驗。虎虎生風的拳腳套路看似一種武藝，由於缺少了貼肉撞擊的格鬥檢驗，則也似武實文。再者，熟讀兵書又是文是武呢？至此，我們似乎可以說如果文武無法相互成全，兩方都是虛欠。

君子「文如武」。文武合一乃是先秦儒家共通的氣質與精神，一如孔子所說「文勝質則史、質勝文則野，文質彬彬然後君子」，缺少了那麼一股劈柴挑水的「野」氣而躲在文的園林裡過日子，生產出來的道德文章就算義正詞嚴，那也「只是文學」而已。這裡絕對無意得罪文學，文學在抒情達意方面自有人性上不可替代的貢獻，但是回想自己一生最喜愛的文學作家，例如張愛玲，終歸是生活中密密細節所凝煉而出的悠悠文筆，在我個人的分類上屬於「文武」合一的作家。缺乏生活實況的印證與自我反省之修正，無論你念的是經濟學、社會學或政治學，可能都只是有文無武的「文學」，況且重文

輕武又是如此輕易，稍微用功者翻書熟記即可有所表現。

　　缺少了武的踏實精神，徒以文的觀念框架來理解一切，越用功則越自以為理解。而這自以為的理解，就不免陷於「光明與黑暗」之太輕易的分判了，彷彿自己是個法官。文的理解有一個特質，那就是掃瞄，以既有之文明黑暗對峙的框架，快速掃描而篩選外在的知識對象，進而做出有罪無罪的判決；而這與練武者日日專注、反覆細膩微調同一攻防動作相比，在態度或風格上截然不同。文武合一本是以武的實踐來提醒文之可能的虛偽與自欺，使之能夠不停地覺迷而成長，最後高貴而謙卑地走向實至名歸。棄武從文的結果是，以中國為文明者只見其文明，也止於見其文明，以中國為黑暗者只見其黑暗，也止於見其黑暗。以日本為文明者只見其文明，也止於見其文明，以日本為黑暗者只見其黑暗，也止於見其黑暗；對於美國、對於阿拉伯世界也是一樣。缺少深入而更現實的、更歷史的省察與批判，那些一廂情願的輕易理解恐怕都是重文輕武。

　　反對新法的讀書人對王安石建立了重文輕武的文式描述，後人又根據前人的文，加重詮釋為自己的文；以文傳文，則天下儘佈文網，宋代當時於制度與實踐上的

武事無從靜心檢討，光明與黑暗之爭的喧囂覆蓋了光影互見的反省，其結果不僅耽誤天下國家芸芸蒼生，同時對於讀書人自我生命的內涵而言，也是一種劃地自限或一種得意的執迷。《宋史》評註「此雖宋氏之不幸，亦安石之不幸也」，這話或許應該改成「宋氏之不幸，亦任一個別讀書人之不幸也」。

　　胡適強調說「多研究些問題，少談些主義」。如今我們對於「民主」的理解是否也過於重文輕武呢？

　　（感謝文史哲出版社提供一方天地，及周伊蓮小姐的費心校稿。）